本书由
中央高校建设世界一流大学（学科）
和特色发展引导专项资金
资助

中南财经政法大学“双一流”建设文库

创｜新｜治｜理｜系｜列｜

空间视角下我国服务业测度、影响因素及时空演变研究

杨青龙　著

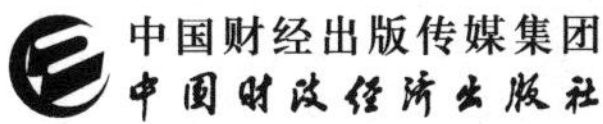

中国财经出版传媒集团
中国财政经济出版社

图书在版编目（CIP）数据

空间视角下我国服务业测度、影响因素及时空演变研究／杨青龙著．—北京：中国财政经济出版社，2019.12

（中南财经政法大学“双一流”建设文库．创新治理系列）

ISBN 978－7－5095－9461－2

Ⅰ.①空…　Ⅱ.①杨…　Ⅲ.①服务业－研究－中国　Ⅳ.①F726.9

中国版本图书馆 CIP 数据核字（2019）第 288781 号

责任编辑：胡　博　　　　　　责任校对：李　丽

封面设计：陈宇琰

空间视角下我国服务业测度、影响因素及时空演变研究

KONGJIAN SHIJIAO XIA WOGUO FUWUYE CEDU、YINGXIANG YINSU JI SHIKONG YANBIAN YANJIU

中国财政经济出版社 出版

URL：http：//www. cfeph. cn

E－mail：cfeph @ cfemg. cn

社址：北京市海淀区阜成路甲 28 号　邮政编码：100142

营销中心电话：010－88191537

北京财经印刷厂印装　各地新华书店经销

787×1092 毫米　16 开　10.25 印张　164 000 字

2019 年 12 月第 1 版　2019 年 12 月北京第 1 次印刷

定价：47.00 元

ISBN 978－7－5095－9461－2

（图书出现印装问题，本社负责调换）

本社质量投诉电话：010－88190744

打击盗版举报热线：010－88191661　QQ：2242791300

总　序

“中南财经政法大学‘双一流’建设文库”是中南财经政法大学组织出版的系列学术丛书，是学校“双一流”建设的特色项目和重要学术成果的展现。

中南财经政法大学源起于1948年以邓小平为第一书记的中共中央中原局在挺进中原、解放全中国的革命烽烟中创建的中原大学。1953年，以中原大学财经学院、政法学院为基础，荟萃中南地区多所高等院校的财经、政法系科与学术精英，成立中南财经学院和中南政法学院。之后学校历经湖北大学、湖北财经专科学校、湖北财经学院、复建中南政法学院、中南财经大学的发展时期。2000年5月26日，同根同源的中南财经大学与中南政法学院合并组建“中南财经政法大学”，成为一所财经、政法“强强联合”的人文社科类高校。2005年，学校入选国家“211工程”重点建设高校；2011年，学校入选国家“985工程优势学科创新平台”项目重点建设高校；2017年，学校入选世界一流大学和一流学科（简称“双一流”）建设高校。70年来，中南财经政法大学与新中国同呼吸、共命运，奋勇投身于中华民族从自强独立走向民主富强的复兴征程，参与缔造了新中国高等财经、政法教育从创立到繁荣的学科历史。

“板凳要坐十年冷，文章不写一句空”，作为一所传承红色基因的人文社科大学，中南财经政法大学将范文澜和潘梓年等前贤们坚守的马克思主义革命学风和严谨务实的学术品格内化为学术文化基因。学校继承优良学术传统，深入推进师德师风建设，改革完善人才引育机制，营造风清气正的学术氛围，为人才辈出提供良好的学术环境。入选“双一流”建设高校，是党和国家对学校70年办学历史、办学成就和办学特色的充分认可。“中南大”人不忘初心，牢记使命，以立德树人为根本，以“中国特色、世界一流”为核心，坚持内涵发展，“双一流”建设取得显著进步：学科体系不断健全，人才体系初步成型，师资队伍不断壮大，研究水平和创新能力不断提高，现代大学治理体系不断完善，国际交流合作优化升级，综合实力和核心竞争力显著提升，为在2048年建校百年时，实现主干学科跻身世界一流学科行列的发展愿景打下了坚实根基。

“当代中国正经历着我国历史上最为广泛而深刻的社会变革，也正在进行着人类历史上最为宏大而独特的实践创新”，“这是一个需要理论而且一定能够产生理论的时代，这是一个需要思想而且一定能够产生思想的时代”①。坚持和发展中国特色社会主义，统筹推进“五位一体”总体布局和协调推进“四个全面”战略布局，实现“两个一百年”奋斗目标、实现中华民族伟大复兴的中国梦，需要构建中国特色哲学社会科学体系。市场经济就是法治经济，法学和经济学是哲学社会科学的重要支撑学科，是新时代构建中国特色哲学社会科学体系的着力点、着重点。法学与经济学交叉融合成为哲学社会科学创新发展的重要动力，也为塑造中国学术自主性提供了重大机遇。学校坚持财经政法融通的办学定位和学科学术发展战略，“双一流”建设以来，以“法与经济学科群”为引领，以构建中国特色法学和经济学学科、学术、话语体系为己任，立足新时代中国特色社会主义伟大实践，发掘中国传统经济思想、法律文化智慧，提炼中国经济发展与法治实践经验，推动马克思主义法学和经济学中国化、现代化、国际化，产出了一批高质量的研究成果，“中南财经政法大学‘双一流’建设文库”即为其中部分学术成果的展现。

文库首批遴选、出版二百余册专著，以区域发展、长江经济带、“一带一路”、创新治理、中国经济发展、贸易冲突、全球治理、数字经济、文化传承、生态文明等十个主题系列呈现，通过问题导向、概念共享，探寻中华文明生生不息的内在复杂性与合理性，阐释新时代中国经济、法治成就与自信，展望人类命运共同体构建过程中所呈现的新生态体系，为解决全球经济、法治问题提供创新性思路和方案，进一步促进财经政法融合发展、范式更新。本文库的著者有德高望重的学科开拓者、奠基人，有风华正茂的学术带头人和领军人物，亦有崭露头角的青年一代，老中青学者秉持家国情怀，述学立论、建言献策，彰显“中南大”经世济民的学术底蕴和薪火相传的人才体系。放眼未来、走向世界，我们以习近平新时代中国特色社会主义思想为指导，砥砺前行，凝心聚

① 习近平：《在哲学社会科学工作座谈会上的讲话》，2016年5月17日。

力推进“双一流”加快建设、特色建设、高质量建设，开创“中南学派”，以中国理论、中国实践引领法学和经济学研究的国际前沿，为世界经济发展、法治建设做出卓越贡献。为此，我们将积极回应社会发展出现的新问题、新趋势，不断推出新的主题系列，以增强文库的开放性和丰富性。

“中南财经政法大学‘双一流’建设文库”的出版工作是一个系统工程，它的推进得到相关学院和出版单位的鼎力支持，学者们精益求精、数易其稿，付出极大辛劳。在此，我们向所有作者以及参与编纂工作的同志们致以诚挚的谢意！

因时间所囿，不妥之处还恳请广大读者和同行包涵、指正！

中南财经政法大学校长

前　言

近年来，随着新兴产业的不断发展以及传统产业的不断转型，服务业逐渐成为我国国民经济第一大产业，但我国的服务业水平和发达国家相比仍有较大差距。在此背景下，本书围绕我国服务业发展现状以及发展过程中存在的问题，从服务业的发展力和竞争力两个角度对服务业的发展过程进行了详细研究，希望基于此能够为宏观经济的调控以及服务业的深度发展提供有效建议。

全书共十章，大体上分为四个部分：

第一部分包括第一至三章，其中第一章分别从宏观和微观的角度对当前服务业的发展背景进行了介绍，第二章则是从服务业的评价理论出发对国内外当前服务业的相关研究现状进行了综述，第三章介绍了实证部分所涉及的指标体系的构建以及空间计量相关模型；

第二部分包括第四至六章，主要从发展力的角度对服务业的发展进行了研究，顾名思义服务业发展力主要体现的是我国当前服务业的整体发展水平。其中，第四章详细讲述了发展力指标体系的构建，并分别对我国服务业发展力水平进行了横纵向的对比，第五章从影响因素的角度出发，利用空间计量模型对影响我国服务业发展力的重点要素进行了探索，第六章则利用空间马尔可夫对发展力的时空演变过程进行了分析；

第三部分包括第七至九章，同第二部分相比是研究角度从服务业的发展力转变成了竞争力。不同于服务业发展力水平概念，竞争力更侧重于比较优势的建立，在全球范围内，服务业核心竞争力和竞争优势的建立已成为服务业综合水平发展之外又一被广泛关注的议题。而在章节内容的安排上，同第二部分相同，依次为服务业竞争力的测度、影响因素的探索以及时空演变过程的分析。

第四部分为本书第十章的内容，主要阐述了本书的研究结论，并对未来的发展提出了相关建议。

另外，编写本书的目的是梳理当前我国服务业的发展现状，并探索发展过程中存在的优势与不足。本书的出版得到了国家统计局全国统计科学研究项目重点项目（2017LZ26），教育部人文社科基金（19YJC910008），中南财经政法大学中央高校基本科研业务经费（2722019JCT033、2722019PY054）的资助。

在本书的编写过程中，得到一些中南财经政法大学统计与数学学院的研究生及本科生在数据收集及数据处理等方面的帮助，他们是阚剑、刘万萍、倪叶、叶芷、黄衮丁、高诗雨、姚丝雨、曾凡卓等同学。感谢出版社的工作人员，他们大到全书构架，小到文字推敲，都给予了我极大的帮助，从而使本书的质量有了很大的提升。本书还得到了很多朋友的支持和帮助，限于篇幅，在此一并表示感谢。

在编写过程中，由于编者水平有限，经验不足，书中难免存在错误，衷心希望广大读者批评指正。

目　录

第一章　绪　论

服务业的思想最早是由著名经济学家亚当·斯密（Adam Smith，1723—1790）提出的非生产性劳动概念。亚当·斯密将人类劳动区分为生产性劳动和非生产性劳动，打破了价值必定与具体劳动挂钩的观念，并在《国民财富的性质和原因研究》中指出，非生产性劳动“在其发挥职能的短时间内便消失；它既不能储存，也不能进一步交易”。19 世纪法国著名经济学家萨伊（Jean Baptiste Say，1767—1832）在《政治经济学概论》（1803）中进一步将服务定义为“无形产品”。马克思（Karl Max，1818—1883）提出服务的产生是源于“劳动的特殊使用价值”，劳动不仅仅作为物，更是作为活动提供服务。马克思肯定了服务的使用价值，认为服务作为一种活动，同其他商品一样，差别仅在于形式上的不同，同样可以进行市场交换。

服务业的真正崛起始于第二次世界大战后现代化的进一步发展，即现代服务业的产生。对于现代服务业，学界有着“后工业化”（post - industrialization）和“解工业化”（de - industrialization）两种观点。“后工业化”学者贝尔（Daniel Bell）在《后工业社会的来临：对社会预测的一项探索》（1973）中指出，一旦经济越富裕，或是对较高级的产品和物质需求感到满足，人们的生活需求也就越发丰富，消费将渐渐转移至服务。反映在就业上，也会体现出从农业转移到制造业，最后转移到服务业的趋势。“解工业化”学者对服务业的解读恰恰相反。这样的理论起源于 20 世纪 80 年代，西方国家制造业自动化的大量应用导致了制造业就业人口的减少。他们认为有形商品的生产才是生产性的工作，而服务业的生产力非常低，服务业的发展是一种“反工业化”。

这两个学派的看法都有不足之处，结合两者的观点，较为普遍的看法则是服务业与制造业的融合与促进越来越紧密，共同促进了经济的增长。较为主流的是以富克斯（Victor R. Fuchs）创立的“服务经济学”为代表，认为服务业已经由第一、二产业的附属产业成长为由服务业独立创造新的经济内容与经济增长，在国民经济中发挥了重要作用，并着眼于服务业对经济、就业、产业结构、专业化生产所起的作用进行理论与实证探究。

此外，服务业和第三产业的定义有些许重合，也存在一定的差别。具体而言，两者是对同一个对象不同角度下的称谓，因此从广义上可以将第三产业理解为服务业。而不同之处有四点：一是第三产业的定义是除去第一、二产业以外的所有经济活动的统称，是一种剩余法，而服务业是指对消费者提供最终服务和对生产者提供中间服务的各产业部门的总和，因此第三产业的涵盖面更加广泛；二是第三产业是中国国家统计局对于国内市场的界定，而服务业则更为广泛地面向国内和国际；三是第三产业属于供给类，对第一、二产业产品进行加工，是一种单一方向的依赖关系，而服务业则与农业和制造业进行直接划分，三者之间的关系都是相互的；四是针对经济结构，第三产业仅面向国内，但服务业涵盖国内和国际两大经济市场。因此第三产业和服务业之间存在密不可分的联系，但又相互区分。

谢尔普（R. Shelp）指出："农业、采掘业和制造业是经济发展的'砖块'（Bricks），而服务业则是把它们粘合起来的'灰泥'（Mortar）。"现如今，服务业以及和服务业相关的贸易活动在全球产业链中扮演着举足轻重的角色，而世界各国也都积极地调整国内的产业重心使其向服务业靠拢，可以说，21 世纪的世界经济进入了服务业的黄金时代。产业结构演变规律表明，随着经济的不断发展，第三产业比重将会日益提高并逐渐成为推动国民经济发展的主要动力①。在这样的背景下，中国的服务业自从改革开放以来进行了 40 年的探索和实现，也取得了耀眼的成绩。从 2013 年开始中国第三产业的比例就已经超过第二产业，而在 2015 年，50%的中国服务业的比例正式标志着中国经济进入了服务业经济时代。服务业在中国经济体系中占据重要的地位，如何引导中国的服务业健康发展值得深入研究。为了达到这一目标，对中国经济现状以及服务业产业现状的研究必不可少，本书着眼于此处开展研究。

① 赵西君：中国服务业发展现状与政策建议［J］. 理论与现代化，2017（5）.

第一节 宏观背景

一、经济背景

随着经济全球化和金融自由化的不断发展，技术、资本、劳动等生产要素的国际流动日益增加，全球各国各地区在产业分工化、精细化的基础上，形成了相互渗透、相互作用、无法分割的统一整体。在享受全球化巨大收益的同时，跨国投资和投机活动的日益频繁使得外部风险的形成和累积更为复杂，风险扩散和冲击的威胁也在不断增加。近20年来出现的3次国际性金融危机都表现出了很强的跨国传染性：1997年泰国金融危机迅速蔓延至亚洲，并引起俄罗斯和巴西金融危机；2007年美国次级抵押贷款问题引起了全球范围内严重的经济衰退；2010年希腊债务危机扩散至葡萄牙、西班牙、意大利等多个欧盟国家，进一步引起了全球经济的恐慌。这些危机的发生表明了经济金融风险的传播更加具有扩散性和危险性，也使得世界各国在促进经贸发展和交流的同时，更加审慎地面对来自内外部的系统性经济风险。

尽管全球经济形势在进入21世纪后持续改善，国际经济贸易加快复苏，但经济中的诸多不确定性因素仍然存在，甚至有增加的可能。从国际形势来看，近年来，贸易保护主义的抬头和国际形势的复杂增加了经济下行的风险；而从国内形势来看，人口红利逐渐消失、“中等收入陷阱”风险累积也使得我国经济由高速增长向中高速增长转型，进入经济增长的“新常态”。

我国经济发展新常态是由习近平主席于2014年5月在河南考察时首次提出，概括了我国经济在经历了改革开放以来30多年的高速增长后，进入了一个相对稳定的可持续稳定增长的状态。习近平指出：“我国发展仍处于重要战略机遇期，我们要增强信心，从当前我国经济发展的阶段性特征出发，适应新常态，保持战略上的平常心态。”[①] 中央对中国经济形势的判断和战略指导指明了当前

① 人民网评．以积极心态迎接中国经济新常态．http：//opinion. people. com. cn/n/2014/0811/c1003－25441622. html.

我国经济发展的重点，即从高速增长转向中高速增长、粗放式发展转向集约型发展、中低端产业转向中高端产业、生产要素驱动转向创新驱动、市场起基础性资源配置作用转向起决定性配置作用。这一系列客观要求对宏观经济政策的选择、行业企业的调整升级起到了方向性、决定性的作用。从战略方向上讲，新常态是要在找准经济增长点、实现经济结构对称态的基础上实现经济的高速可持续增长，也就是“调结构稳增长”。

在新常态下，我国经济表现出了以结构性产能过剩为特征的“供给失灵”和“供需错位”① 等突出问题。表面上，这些问题是由于需求不足引起的供需失衡；从深层上来看，供给端的过剩产能、低端产能导致了供给结构与需求市场的严重失衡。

在中国经济新常态的背景下，供给侧结构性改革成为适应和引领经济增长的必然选择。习近平在 2016 年 1 月的中央财经领导小组第十二次会议上指出：“供给侧结构性改革的根本目的是提高社会生产力水平，落实好以人民为中心的发展思想。”

从本质来讲，供给侧结构性改革是对政府和市场关系的改革，在梳理和明确政府作用的同时发挥市场在资源配置中的决定性作用。供给侧结构性改革要改变过去过分强调政府在需求侧进行宏观调控的角色，使其更多地侧重于法律法规、产业标准、市场准则的制定，给企业和市场创造更好的发展条件，提高发展的创造性和积极性。

从实施方式上来讲，供给侧结构性改革是从供给质量出发，推进结构调整，矫正资源及要素畸形配置，提高有效供给和全要素劳动生产率，促进社会经济健康发展。供给侧改革作为一种结构性改革，不是对原有制度的推倒重来，而是在原有制度的基础上，对于导致严重经济问题的关键制度性缺陷做出的重大修补和创新。因此，供给侧结构性改革不是全面性改革，而是聚焦于供给体制下重要或关键性领域的改革。为此，中央针对改革的方法、步骤，多次做出了政策性指导。

在供给侧结构性改革起步的 2015 年，中央经济工作会议上强调了改革“三去一补一降”五大任务，即去产能、去库存、去杠杆、降成本、补短板，主要涉及产能过剩、楼市库存大、政府债务高企三个主要经济问题。2017 年，中央

---

① 胡鞍钢，周绍杰，任皓. 供给侧结构性改革：适应和引领中国经济新常态［J］. 清华大学学报：哲学社会科学版，2016（2）：19.

经济工作会议中继续强调了五大任务的重要抓手作用，供给侧结构性改革初见成效，部分行业供求关系、政府和企业理念行为有了积极改善。2018 年，改革的重点落脚在“破、立、降”三个方向，大力破除无效供给，处置“僵尸企业”，化解过剩产能；大力培育新动能，强化科技创新，推动产业升级；降低实体经济成本、制度性交易成本、企业用能、物流成本，清理涉企乱收费现象。经过三年时间，改革的重要阶段性成效已初步显现。钢铁、煤炭行业“十三五”去产能目标初步实现；一大批“散乱污”企业出清，工业产能利用率稳中有升；传统产业改造加快，科技创新水平不断提高，新动能加快成长。一系列的举措使得重点行业的供求关系发生明显变化。

随着供给侧结构性改革的进一步深化，供给侧结构性改革也逐渐向更为深刻、更为艰难的深水区迈进。2018 年 12 月的中央经济工作会议提出了“巩固、增强、提升、畅通”的八字方针，将其作为当前和今后一个时期继续深化改革、推动经济高质量发展的要求。

具体而言，“巩固”是要巩固“三去一降一补”的成果，通过破除体制机制障碍、优化制度供给、降低企业经营成本等方式加快落后产能出清、优化生产要素流动、减轻企业负担，为我国经济持续健康发展和进一步改革打下稳固的基础，以“稳”促“进”；“增强”是要增强微观主体活力，通过市场规则、法制建设、科技成果转化机制、要素流动和配置机制等一系列举措促进企业信心和创新精神；“提升”是要提升产业链水平、加大自主创新力度，在巩固我国经济持续发展的原有体系和规模优势的基础上培育新竞争优势，着力解决产业核心技术“卡脖子”问题；“畅通”是要畅通国民经济循环，形成国内市场和生产主体、经济增长和扩大就业、金融和实体经济的良性循环，为我国经济持续健康发展提供良好的运行机理。

二、产业结构背景

（一）三次产业结构变化

结合国际上对三次产业的明确解释和区分，以及中国的实际产业情况，国家统计局将中国的三次产业定义为：第一产业指农业，包括林业、种植业、畜牧业和水产养殖业等直接将自然产物作为生产对象的产业；第二产业指工业，包括制造业、建筑业、挖掘业等对第一产业和自然界生产的基本材料实行加工处理的产业；第三产业指除第一、二产业以外的其他行业，包括通信产业、餐饮业、交通运输业、金融业、公共服务业、教育产业等实现非物质生产的产业。

图1-1展现了1978—2016年中国三次产业相关从业人员的就业人数占比情况，显而易见，中国第一产业的就业人数占比一直保持着稳定的下降趋势。中国是著名的农业大国，1978年第一产业的就业人员占比高达70.53%。自从改革开放以来，随着我国经济政策的改变，三次产业的就业人员也发生了相应的变化，第一产业的就业人员占比不断减少，尤其是2003年开始呈现大幅度的下降。相反，第二、三产业就业人员占比都有显著上升，其中第三产业于1994年首次超越第二产业，成为人员调动过程中吸纳就业人数最多的行业。2011年，第三产业首次超越第一产业，成为三次产业中就业人员占比最高的产业，并于2012年开始呈现大幅度的上升趋势。第二产业于2014年超过第一产业，使得我国实现了产业结构的大幅度转变，真正从“一二三”转变为“三二一”。

从三次产业就业人员占比变化速率角度出发进行相关统计分析，如图1-1所示，可以看出第一产业的就业人员占比平均每年以1.10%的速度持续下降；而第二、三产业的就业人员占比平均每年分别以0.29%和0.80%的速度稳步上升。对比之下可以明显看出第一产业的人员流失率较高，而第三产业在吸纳流失人员方面呈现明显优势，尤其是自2014年开始第二产业的就业人员占比逐渐趋于平稳甚至有所下降，使得第三产业对于第一产业中持续流出人员的吸纳能力稳定上升。

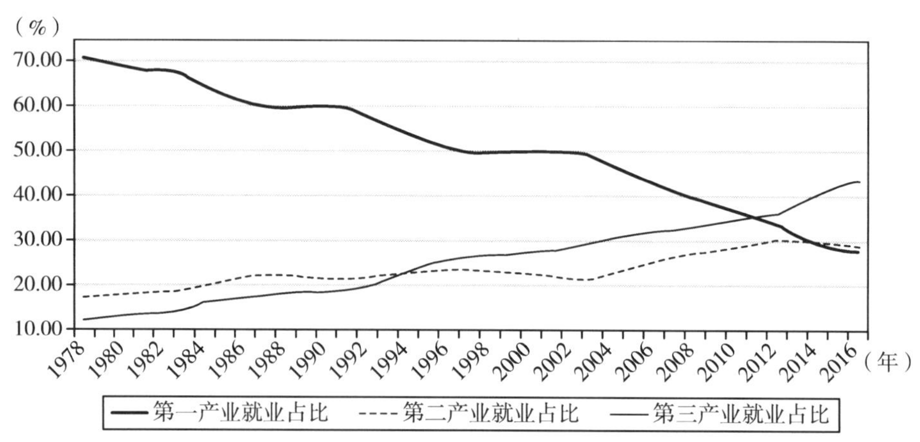

图1-1　1978—2016年中国三次产业就业人员占比变化趋势图

图1-2展现了1978—2016年中国三次产业产值占GDP的比重变化情况。显而易见，改革开放后三次产业的产值占比波动较大，但整体上第二产业占比

偏上，第三产业占比中等，第一产业占比最低。其中，第一产业的产值在改革开放前期占比较高，自 1983 年开始波动下降，一直到 1991 年才稳定在 10% 以下；而第二产业的产值占比在前期的波动较为剧烈，基本上保持着由高到低继而由低到高的循环，一直到 1991 年才开始呈现波动下降的趋势；第三产业的产值占比变化趋势最为稳定，始终保持着上升的势头，尤其是在 2010 年之后产值占比增长速度显著提高，并于 2014 年开始稳定超越第二产业。截至 2016 年，中国的三次产业产值占 GDP 的比重分别为 4.4%、37.4% 和 58.2%，将一开始的“二三一”转变为“三二一”，符合我国目前三次行业的就业人员占比情况，同时也体现了第三产业具有极大的发展优势和潜力。

另外，从三次产业产值占 GDP 比重变化速率角度出发，我们可以发现第一、二产业的产值占比平均每年分别以 0.14% 和 0.63% 的速度波动下降，而第三产业的产值占比平均每年以 0.76% 的速度持续上升。其中，第二产业的产值占比下降幅度较大，表明随着经济的发展，我国依赖消耗钢铁工业能源来增加 GDP 的方式逐渐转变为更加绿色和可持续化的第三产业发展；与此同时，第三产业的产值占比增速较高，尤其是近年来的发展速度更为迅猛，在 2016 年已经达到 58.2%，表明第三产业具有极大的发展前景，是未来发展的重中之重。

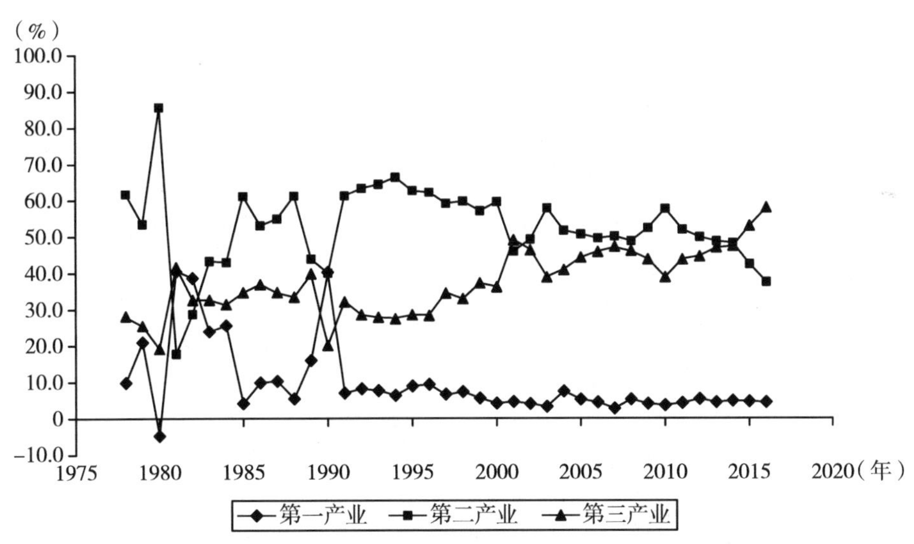

图 1-2 1978—2016 年中国三次产业产值占 GDP 的比重变化趋势图

（二）第三产业内部结构变化及服务业发展变化

第三产业，也称作第三次产业，主要指对生产者提供中间服务以及对消费者提供最终服务的部门。根据中国国务院办公厅转发的国家统计局关于建立第三产业的统计报告上对于我国三次产业划分的意见，我国的第三产业包含服务和流通这两大部门，其中主要分成四个层次：一是流通部门，包括交通运输业、仓储和邮政业、批发和零售业、住宿和餐饮业等；二是为生产与生活服务的部门，包括金融业和房地产业等；三是为提升科学文化水平以及居民素质服务的部门；四是党政机关、国家机关、社会团体等，不包括在 GDP 中。

图 1－3 展现了 1978—2016 年中国第三产业各分产业的增加值占 GDP 的比重变化情况，显而易见，改革开放后第三产业的各分行业增加值占比变化各具特色。整体来看，批发和零售业的增加值始终遥遥领先，虽然前期有较大的浮动，但是自 1994 年之后开始稳健地上升，从 1978 年的 6.59% 一直上升至 2016 年的 9.63%；交通运输、仓储和邮政业的增加值占比除中期产生了一定波动外，一直处于较为平稳的状态，从 1978 年的 4.95% 轻微下降至 2016 年的 4.47%；金融业的波动最为剧烈，呈现较为剧烈的波动式上升，在 1990 年达到第一个高峰后，在 2015 年又迎来一次新的高峰，从 1978 年的 2.08% 迅速上升至 2016 年的 8.26%；房地产业的增加值占比呈现直线上升的趋势，比重增长幅度稳定，从 1978 年的 2.17% 直线上升至 2016 年的 6.51%；住宿和餐饮业的增加值比重是所有分产业中最为稳定的，从 1978 年的 1.21% 轻微上升至 2016 年的 1.81%。

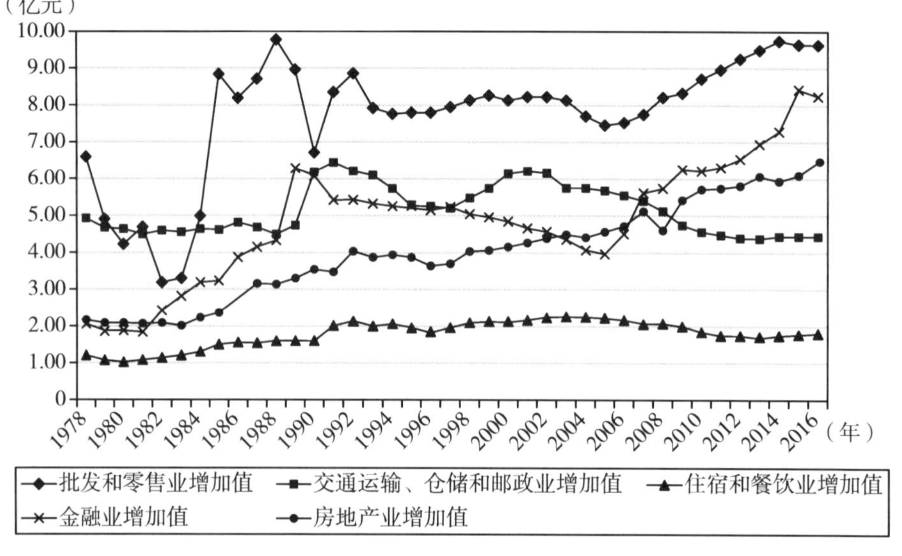

图 1－3　1978—2016 年第三产业分产业增加值比重变化趋势图

从第三产业各分产业的增加值占 GDP 比重变化速率角度出发进行相关统计分析，可以发现批发和零售业、金融业、房地产业、住宿和餐饮业的增加值比重均分别以平均每年 0.08%、0.16%、0.11% 和 0.02% 的速度上涨，只有交通运输、仓储和邮政业的增加值比重以每年 0.01% 的速度稍许下降。目前占比最高的三大产业分别是批发和零售业、金融业和房地产业。

显而易见，金融业和房地产业的增速最为显著，其中金融业需要重点关注。经查阅资料，2015 年美国、英国和日本三大国家的金融业增加值比重分别是 7.2%、7.3% 和 4.4%，而中国在 2015 年的比重 8.44%，已经明显超越这三个发达国家。但是金融业增加值比重并不是越高越好，因为金融业自身具有高杠杆行业的特性，存在极大隐藏“脱实向虚”的可能性，因此金融业增加值占比越高，其隐形风险的可能性越大，需要政府和市场做好对金融业的及时把控。房地产和建筑作为民生之本始终是我国的重点行业，随着经济的发展和人民生活水平的提高，社会对于房地产行业的需求与消费也在逐渐增长，2007 年房地产业增加值比重首次突破 5%，2009 年后在 5% 的基础上稳定持续上升。2009 年开始，房地产行业成为我国的支柱性经济产业。

图 1－4 展现了 1982—2016 年中国服务业内部各行业增加值占服务业增加值的比重变化情况。从我国服务业具体的结构来看，1982—2016 年，交通运输、仓储和邮政业以及批发和零售业是我国服务业发展的主导者，其中批发和零售业的增加值占比较高，而交通运输、仓储和邮政业增加值的占比逐年下降。其他行业主要是指由政府和社会提供一系列服务的行业，由于政府在 2005 年提出创建“服务型”社会，因此其增加值占比具有波动性。

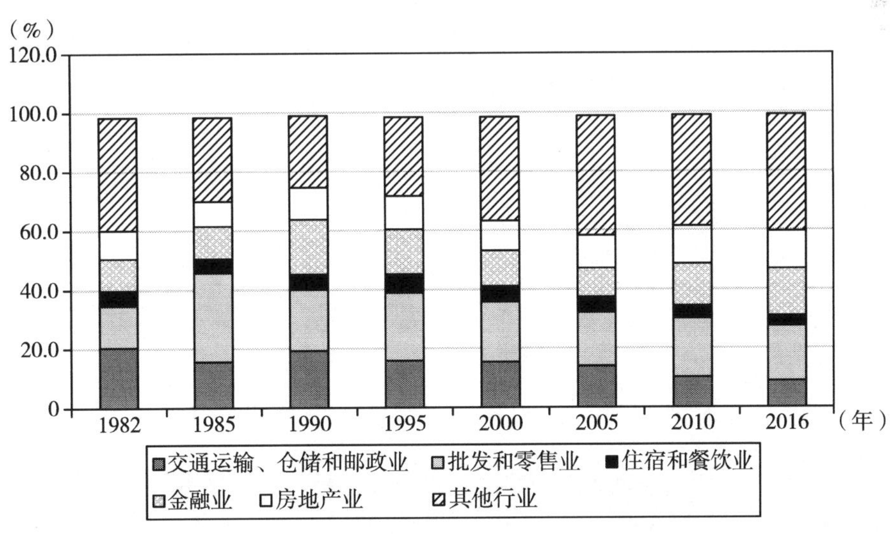

图 1－4　1982—2016 年我国服务业内部各行业增加值占服务业增加值的比重

此外，我国服务业发展的地区分布也存在着明显的区域差异（见图 1－5），考察 2016 年我国各地区的第三产业产值发现，北京、上海、江苏、浙江、山东和广东等地的产值水平较为突出，这些地区的普遍特征为：位于东南沿海地区，经济较为发达，工业水平也很高，对于服务业的需求旺盛。一些西部地区，如西藏、青海、宁夏等的服务业产值极低。从整体来看，我国各地区的服务业发展水平不均，有待开发。

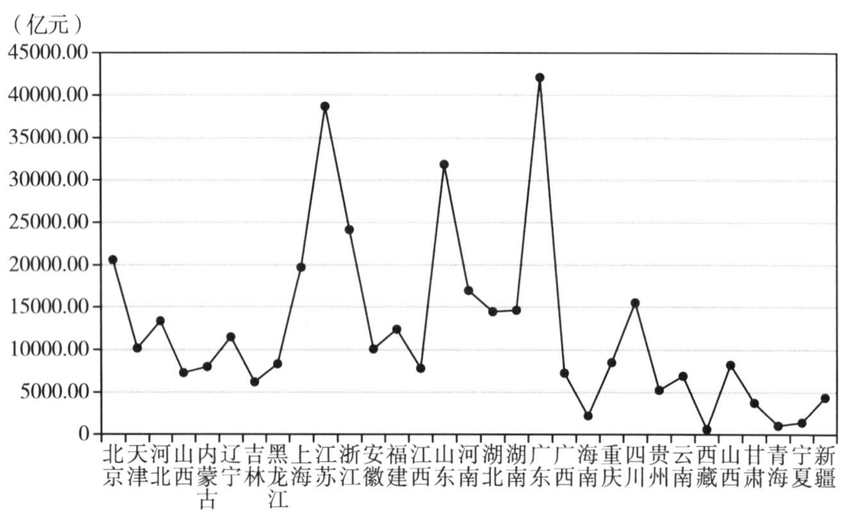

图 1－5　我国各地区第三产业产值

第二节　微观背景

宏观上而言，我国经济在经历了改革开放以来 30 多年的高速增长后，进入了一个相对稳定的可持续增长的状态。在这个背景下，供给侧结构性改革成为适应和引领经济增长的必然选择。在产业结构方面，服务业表现出了极大的发展优势和潜力，而服务业内部金融业和房地产业的增速最为显著。此外，我国各地区的服务业发展水平也存在明显的区域差异。而从微观视角来看，服务业内部又可细分为多种产业，主要包括金融业、互联网业、房地产业、代理业、饮食业、旅游业、仓储业、租赁业、广告业和其他服务业等。本书将通过近几年来发生较大变化且对社会有重大影响的主要行业事件来展示整体服务业发展状况。

一、金融业发展进程

金融业作为服务业中重要的一环，近年有不少危机时刻。随着经济全球化进程的不断发展，世界各国在金融层面的联系日益紧密，中心国家的重大金融事件会对新兴国家金融市场产生深远影响，并可能进一步影响这些国家的实业。奠定了近年来金融业发展基调的是 2008 年金融危机。2007 年 8 月，次贷危机席卷了美国、日本、欧盟等主要金融市场。为缓解危机，美国政府调整短期利率为 0，后续又实施了三轮量化宽松政策，购买了大量国债、机构抵押支持债券等，三轮的时间分别是 2008 年 11 月至 2010 年 3 月、2010 年 11 月至 2011 年 6 月、2012 年 9 月。中国政府也实施了量化宽松政策，具体举措包括“四万亿”计划、大搞基建、放宽货币信贷额度、家电下乡等。这些举措在初期很好地缓解了经济紧张并避免了系统性危机，但埋下了诸多隐患。大搞基建导致部分产业的产能过剩，而产能过剩和市场饱和又使得通过货币宽松放出的资金无法流入实业转而流入服务产业内部，特别是金融市场、股市和房地产市场等，抬升了物价、房价，加剧了通货膨胀并催生了大量的泡沫。

我国在 2008 年金融危机后的一系列举措对我国的实体工业企业产生了很大影响，实体企业的运营状况又反过来影响了金融市场和整个服务业。在 2008 年经济危机中依靠国家大搞基础建设得以幸存的企业没能及时升级产品改进技术，其中很多煤炭钢铁企业在 2010 年左右破产倒闭，给传统银行业制造了大量的不良贷款。商业银行不良贷款比例的增加对冲了银行利润，使得银行业不断提高放贷标准，中小企业贷款更加困难。P2P 理财模式的快速发展壮大正是得益于这一时期的传统银行提高了放贷门槛。小微企业一直面临贷款难，P2P 网贷在 2007—2012 年在国内初步发展，这一时期比较典型的是拍拍贷。2013 年 P2P 快速发展，从 20 家增加到 200 家，以陆金所、融金所等为代表。P2P 理财模式作为服务业新型种类，很好地填补了我国小微企业贷款难的空缺信贷市场，同时也满足了国民的理财需求。在传统的理财方式中，银行存款利率很低，2008 年以来经济下行股市低迷，而房地产、银行理财的门槛很高。相比之下，P2P 理财门槛低、收益高，是近些年金融投资理财的典型代表。为解决大众创业和中小微企业的资金问题，2014 年国家明确表示鼓励、支持 P2P 网络借贷的发展。

2015 年互联网金融被写入“十三五”规划，这一年被称为 P2P 的监管元年。然而在 P2P 的发展过程中，因其资金来源和用途难以监管，常有非法集资现象的发生。同时，投资者与平台的大量非理性投资导致了后期 P2P 大范围爆雷，影响了我国金融市场的稳定。

由于在经济危机之后，我国经济形势并未有明显好转，服务业增速亦放缓，政府在量化宽松政策实施后的几年里，又有一系列举措，包括经济结构优化、供给侧结构性改革、发展内需、发展服务业等。但是上述举措见效不显著，而国际市场上又是屋漏偏逢连夜雨。

2017 年 9 月 20 日，美联储宣布缩表，维持基准利率为 1%—1. 25%，预计 2017 年加息一次，2018 年加息三次，2019 年加息两次，2020 年加息一次，共计加息 7 次，最终加息至 2. 75%—3%。这标志着 2008 年以来的货币政策出现了根本性逆转，此后各国的货币政策将以加息和减少货币供应为主。美联储缩表是对其他国家的洗劫。美联储收紧流动性，全球资本加速回流美国，而新兴国家会因美元减少而产生债务危机进而汇率大贬。2018 年初，中美开始利率倒挂，美元反弹使央行被迫跟随加息，以维持我国的基本利率水平。所以美联储加息，会使我国资本外流，我国央行同步加息，最终影响人民币汇率并可能刺破股市、楼市的泡沫。在宏观经济形势剧烈动荡的情况下，我国股市也几经沉浮。2007 年底由全球性金融危机引起的股市大幅下跌，沪指从最高 6124. 04 点一年间下跌 4459. 11 点，暴跌幅度高达 72. 81%。虽然其在任期间股指涨幅超过 100%，但市场参与者大多由于这场金融危机亏损累累。2011 年 10 月之后的一年多期间，证监会推出诸如鼓励上市公司分红、内幕交易零容忍、IPO 制度改革、打击炒新、完善退市制度、引入长期投资者、降低交易和监管费用、推动开办新三板市场、恢复国债期货交易、推出转融通业务等各项政策、办法高达 70 多条，在保障股民权益、严打违规行为、释放证券市场主体创新活力方面进行了全方位的改革。

2013 年 3 月之后，我国股市可谓是多灾多难——杠杆牛市、千股跌停、千股停牌、史上最早收盘。这期间发生了 IPO 第三次重启，新国九条出炉，沪港通开通，股灾和救市，证监会高层多名被免，推行注册制，熔断被紧急叫停等事件。2016 年 2 月之后，证监会在大小非减持、上市公司治理、企业停复牌、股份回购、退市等基础制度层面进行了诸多修订，以信息披露为核心的监管体系逐步完善，基础制度“增补”建树颇多。但在新股上市节奏、金融去杠杆等方面较少顾及对大盘的影响。

受全球金融周期中心国家金融危机或金融政策影响，我国作为新兴金融市场国家，国家的信贷繁荣、萧条不再完全受国内政策的控制。实业不景气与金融行业处境艰难形成恶性循环。近年来我国金融行业可以说是十分艰难，这一点也体现在了传统金融公司工作岗位的减少和薪资的下降方面。

二、互联网业发展进程

互联网业作为服务业中不可或缺的一环，在过去的十年中呈现出快速发展、竞争激烈的态势。互联网业的更新换代也十分频繁，热点每一两年就会发生重大改变。而PC互联网到移动互联网的发展催生了大量新兴服务类型企业。2015年李克强总理在政府工作报告中提到“互联网+”行动计划，指出要营造“大众创业，万众创新”的局面。虽然App创业和网店创业一直是创业的热点，但近年来最惹人注目的还是电商的激烈角逐。

以BAT为首的互联网的发展壮大对互联网业及服务业的其他部门，如批发和零售业，交通运输、仓储业都有着重大影响，BAT三家在互联网领域的布局又各有侧重。百度是网页领域的顶尖，其主产品主要是搜索和内容，即产生、搜索信息流并对其整合、流通、分发。而阿里巴巴是电商领域的突出代表，旗下产品众多，最有名的是淘宝、支付宝、菜鸟裹裹等。淘宝整合了买卖双方的信息流，打破了信息不对称，深刻影响了我国居民的购买习惯，在给消费者带来便捷的同时也给传统的商场带来了挑战。支付宝的出现不仅深刻变革了居民的支付模式，还为居民提供了借贷、理财的渠道，是互联网金融的突出代表。而近年来不断发展的菜鸟裹裹、菜鸟驿站等也会改变物流行业的运行方式。腾讯是社交媒体的杰出代表，主要产品有QQ、微信、QQ音乐、QQ游戏等。QQ与微信扮演了中国社会办公、社交中重要角色；微信支付几乎与支付宝分庭抗礼；QQ游戏一直用户众多，阴阳师、王者荣耀等吸引了大量用户。其他近年来迅速崛起的互联网企业还有字节跳动、京东、苏宁等。

互联网行业的群雄争霸为社会提供了许多高薪工作岗位：新媒体运营、程序员、软件工程师、数据分析师、数据科学家等，许多传统理科学生更是纷纷转身投往互联网服务产业。在互联网行业连续多年高薪招人扩张后，2018年底，出现了诸多大厂广泛缩招、裁员，并大幅度降薪的局面。2019年初，几大互联网企业提出“996”工作制。这标志着互联网行业的饱和、竞争的白热化。

"996"这种超长工时，虽然增加了产出，但减少了工作者可自由支配的时间，会对消费和人口增长有消极影响。

互联网行业经历了几番快速扩张后开始进入内部激烈竞争阶段，侧面反映了我国服务业的发展迅速，这种竞争表现为不同企业在同一领域的争夺，在微观上表现为提供的工作岗位的减少、薪资的降低以及就业压力的增大。

三、房地产业发展进程

自1998房地产市场改革后，房产实现了商业化和私有化，我国房价开始一路上涨。亚洲金融危机促进了居民抵押市场的发展。为避免经济衰退，政府采用了宽松的财政政策，采取措施刺激内需。1998年，商业银行开始向房产买家提供贷款。房租也逐渐上涨，刺激了人们购买私有住房的需求。如图1-6所示，全国房价平均水平从2000年的每平方米2112元上涨到2017年的每平方米7892元。

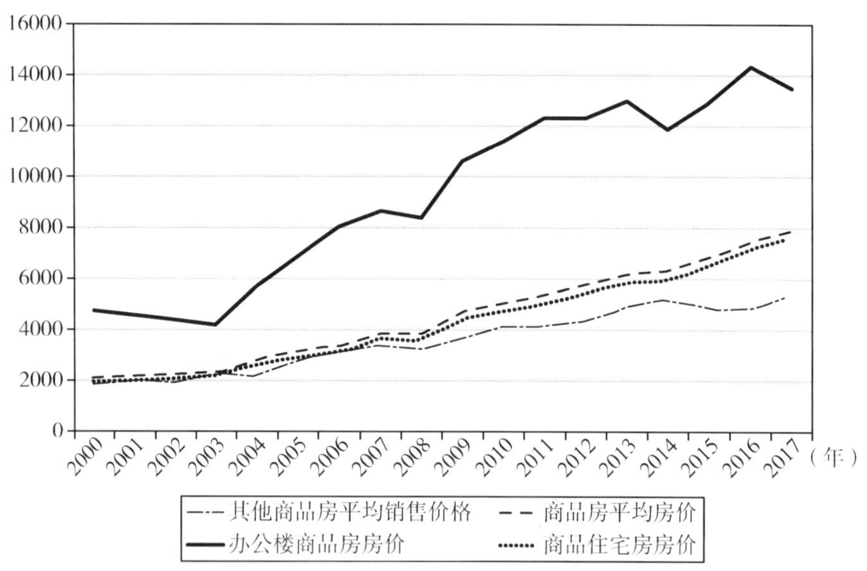

图1-6　全国房价平均水平折线图

资料来源：国家统计局数据查询网站，data. stats. gov. cn/search. htm? s = % E7% 9C% 81% E6% 88% BF% E4% BB% B7。

在图1-6中我们可以看到，在2003年之后，房价上涨的趋势加快了。这是由于2003年起我国在国有土地使用权的转让上引入了公开竞价制度。该制度的引入显著抬升了办公商业用地、居住用地等的地价。较之以往，货币工具也更为广泛地应用在房地产市场中。首次购房者仅需付 20% 的首付，贷款利息享受 30% 的折扣。在 2008 年金融危机后，货币宽松和财政政策进一步抬升了房价。直到 2011 年，我国才实施缩紧货币政策，同时对全国主要城市实行限购。

在限购政策出台后，2017 年，我国多地房价还是出现了大幅上涨的现象，这是银行资金大量流入房地产行业导致的。在银监会、保监会合并之前，许多商业银行通过表外影子银行以间接提供贷款的形式将资金投资给房地产企业以获得利润。而 2017 年底美联储加息这一金融行为，会促使全球风险资产调整，首当其冲的就是泡沫巨大的中国房地产市场。2018 年 4 月，银监会、保监会合并成为银保监会，正式要求银行回归本位并对影子银行进行监督，房地产行业主要的资金来源被控制。

我国最著名的房地产企业当数恒大、碧桂园和万科。2018 年，我国地方政府出台调控政策总计达 450 余次，成为历史上房地产调控最密集的一年。同年 7 月，中央提出“坚决遏制房价上涨”，此后新房销售额增速大幅下降。但是按照第三方统计机构克而瑞的数据，2018 年碧桂园全口径销售额同比增长 32% 。碧桂园在房地产业的成功依靠的是重点布局三四线城市，动用经营杠杆而非有息杠杆，从而在较低净负债下完成了销售额的高速增长。

恒大则积极尝试由房地产企业转型为包括文旅、健康、高科技和新能源汽车等行业在内的跨产业布局的综合型集团。2016 年，恒大推出了一系列降杠杆措施，一年内完成三轮战略融资，提前还清所有永续债。2017 年，恒大从“三高一低”模式转向低负债、低杠杆、低成本、高周转的“三低一高”模式。2018 年，恒大入股了贾跃亭的 FF，并在下半年入主瑞典国家电动汽车公司 NEVS，入股瑞典超跑公司柯尼塞格、动力电池企业卡耐新能源、泰特机电有限公司。在主业进入高质量增长轨道上努力开辟一条新的跑道。

2018 年 9 月，万科喊出“活下去”的口号，这样的事件发生在行业领头羊身上，可以说是 2018 年房地产行业的头号事件。经过 2017—2018 年的高压调控，在 2018 年下半年，我国的房地产市场发生了根本性变化，楼盘降价潮从二三线蔓延到一线城市，出现“量价齐跌”态势。造成这一态势的，不是房产税立法、反腐败等影响市场预期的因素，而是开发商们在流动性紧缩条件下的降价促销、以价换量从而快速回收资金。多年的领头羊万科被拉下规模榜首，意味着“规模时代的终结”。粗放的经济模式已经暴露了太多急需解决的问题，不得不慢下来。

在2008年时本被预言为即将出现拐点的房地产行业，在金融危机中因祸得福，在此后的十年中迎来了未曾预料的黄金时期。然而在这十年的快速发展中，这个行业积累了许多问题，比如高负债、高周转、质量严重不达标等。像许多在经济快速发展时期粗放式发展的行业一样，房地产行业需要转向高品质发展的道路。

四、旅游业发展进程

旅游业是最典型的服务产业。随着人民物质生活水平和精神文明需求的不断提高，旅游逐渐成为大众休闲、娱乐和度假的重要方式，是世界范围内规模最大的支柱产业之一。改革开放30多年来，我国旅游业一直保持快速发展的态势。据世界旅游组织预测，到2020年我国将成为世界第四大旅游客源国、世界第一大旅游目的地国家。

据国家旅游局《2018年全年旅游市场及综合贡献数据报告》显示，2018年我国国内旅游人数达到55.39亿人次，同比增长7.76%；出入境旅游总人数2.9亿人次，同比增长7.4%；如图1-7所示，2018年全年实现旅游总收入5.97万亿元，同比增长10.56%；旅游业对我国GDP的综合贡献为9.94万亿元，占GDP总量的11.04%；旅游业直接就业2826万人，间接就业7991万人，占全国就业总人口的10.29%。由此可见，旅游业在服务业乃至国民经济中的地位越来越高，成为我国重要的创汇、拉动内需和促进经济增长的产业部门。

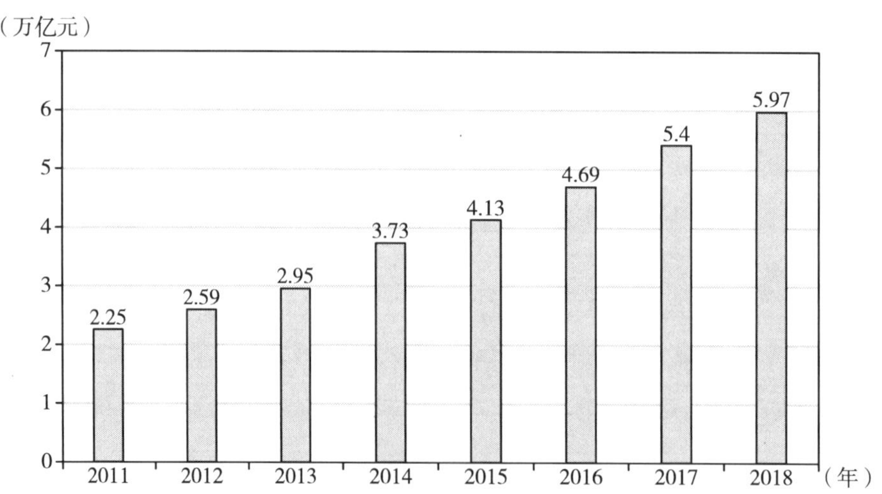

图1-7　2011—2018年我国旅游业总收入图

旅游业的迅速发展和对国民经济的重要贡献也使得旅游业企业的融资需求不断扩大。2017 年全国旅游业实际完成投资 15000 亿元，同比增长 15.41%，比第三产业和固定资产投资增速分别高 5 个百分点和 8 个百分点，在我国经济转型压力加大的情况下继续保持逆势增长态势，成为社会投资热点和最具潜力的投资增长领域。

我国旅游投资整体上形成了以民营资本为主、政府投资和国有企业为辅的多元主体投资格局。截至 2017 年，我国旅游业相关上市公司共有 28 家，基本覆盖了旅游业几个主要产业，如酒店业、旅游景点业、旅行社业、旅游运输业等，在股票市场中已初步形成了一个比较完整的旅游板块，能够在一定程度上反映旅游经济的发展方向，可以大体体现出各类旅游业投入、旅游企业间资源的配置和流动、旅游企业间优胜劣汰的自然选择，以及人们旅游出行的整体动向。

第二章 服务业评价及空间计量研究现状

党的十八大以来，我国服务业发展规模持续扩大，在新登记的企业总数中，服务业占比超过 80%，可以说服务业已然成为我国经济第一大产业。尽管我国服务业已经得到了很大的发展，但事实上我国的服务业水平和发达国家依然有较大差距，因此本书希望通过研究我国服务业的现状来帮助政府更好地实现宏观调控。为了达到这一目的，本书先将服务业区分为竞争力和发展力两大块，并分别针对这两块构建专属的指标体系，再使用相关的空间计量方法，如空间 Markov 进行时空演变分析。在进行本次探索研究之前，本书借鉴了国内外众多相关文献成果，总结这些文献中使用方法的优缺点并试图在它们的基础上进行更深入的研究。

第一节 现代服务业发展评价理论综述

一、服务业评价指标体系构建方法的文献综述

我国对于服务业相关指标体系的探究起步较晚，在早期评价方法的探究中基本沿用制造业的评价方法。而随着服务业的进一步发展，服务业与其他产业的巨大差异使得方法的沿用不再可取。因此，国内学者基于服务业的特点和管理学、经济学原理，提出了反映服务业特色的评价指标体系构建方法。

（一）基于多层次评价的服务业评价指标体系构建

倪蔚颖（2011）从经济地理学的角度出发，探究了服务业聚集水平①指标体

① 服务业聚集的定义：以达到一定的规模为目的、以合理的分工为机制、以中小企业为主体的在服务业领域内相关联的企业与机构在特定的地域空间内聚集所形成的有机体系。

系构建方法。提出了指标体系构建的系统性、导向性、客观性、简明性和稳定性等基本原则。作者基于配第－克拉克定理①，指出服务需求更具有收入弹性，国民需求随着收入水平的提高而更多地向服务业转移，从而选取了反映国民消费能力的需求能力指标；基于古典经济学中对生产要素的划分方法，选取反映区域资源禀赋的供给能力指标；基于交通运输业、电信业对现代服务业的基础性作用，选取反映区域通达能力的区位优势指标。构建了包含3项目标层、11项准则层和24项指标层的多层次评价指标体系。

刁伍钧、扈文秀、张建锋（2015）从科学评价"四要素说"出发，从评价主体、评价客体、评价目标、评价参照系统四个方面构建科技服务业评价的指标体系。作者选取政府、机构和公众三类评价主体，对发展环境、研究成果、专业服务和科技推广以及对应的能力水平进行评价，建立了"总目标—分目标—评价层次—评价指标"4层次指标体系，通过功效系数法和模糊综合评价方法确定指标权重。

刘智（2016）构建了包含宏观环境、经济规模、产业结构、发展动力等四个层次的生产性服务业评价指标体系。在指标赋权上，作者结合熵权法的客观赋权方法和层次分析法的主观赋权方法构建了组合赋权法，弥补单一评价模型的不足。在分别采用熵权法和层次分析法得到指标权重后，利用单指标两权重乘积与全量指标两权重乘积得到组合权重，再根据隶属度函数确定模糊关系矩阵，最终得到省域生产性服务业发展水平的分层评价。

汪贤武（2015）从资本的利益相关者角度出发，构建衡量通信服务业社会责任发展水平的多层次评价指标体系。作者按照向企业投入的资本形态将利益相关者分为货币资本利益相关者、人力资本利益相关者、社会资本利益相关者和生态资本利益相关者四类，并根据行业特点细分为政府、环境、员工、股东等9项二级分类，在指标隶属度分析的基础上选取了28项指标，利用多层次法确定指标权重，利用模糊评价方法得到单指标及各层次评价。

（二）基于综合评价的服务业评价指标体系构建

魏江、黄学（2015）着眼于近年来在服务业发展中展现出"发动机"作用的高技术服务业②，归纳了高技术服务业技术创新的无形性、不可分离性、不可

① 配第－克拉克定理属于产业结构理论范畴，表述为：随着经济的发展，人均国民收入水平的提高，劳动力表现出由第一产业向第二产业转移，然后向第三产业转移的演进趋势。

② 文章对于高技术服务业的定义为：现代服务业与高新技术产业融合发展，以服务创新为核心、以高新技术为手段，为生产和市场发展提供专业化增值服务的知识密集型服务产业。

贮存性、使用权所有权分离等特征，指出常规评价方法在高技术服务业跨边界整合型增长中的不适用性。因此，作者采用了“投入—过程—产出”的研究范式，结合对典型高技术服务创新企业特征的分析，选取了28项备选指标。在指标权重的选取上，作者首先使用修正的专家打分指标进行指标保留的初步筛选，再通过问卷调研结果和层次分析法进一步确定指标权重。基于最终获得的评价指标体系，作者进一步指出服务业创新能力评价所必须考量的因素，包括完整性与简洁性、服务创新多样性、行业差异以及服务创新的开放性情境等四个方面。

刘奕、李垚（2018）针对服务业聚集中心的竞争力水平，从新经济地理学相关理论出发，通过衡量服务业聚集中心城市形成所需的本地市场效应、消费成本效应和基础效应三个角度出发，构建了衡量城市服务业发展的需求结构、质量和效益等多维度的竞争力评价指标体系。作者利用指标体系对105个城市的服务业聚集竞争力进行分析，通过因子分析和因子旋转，并根据主成分与各变量的关联性，将21个指标归结为发展条件、内外联系、市场潜力、要素支撑、政策环境、需求支撑等六大主要因素，得到样本城市的各项得分和综合得分。

对于服务业评价指标的选取，学者大多从服务业的产业特征、社会经济要素等角度出发，选取常见的、被学界普遍运用的指标，并未形成完全统一的范式。对于指标选取中产生的主观性问题，洪国彬、游小玲（2017）根据多余信息剔除原则和信息含量最大原则，对服务业发展水平评价指标进行定量筛选。通过对同类文献的筛选和调查分析，筛选出经常出现的62项高频指标，然后利用R型聚类方法将指标分类，避免指标的重复信息映射。通过变异系数筛选出各类指标中信息含量最大的指标，保证所选取指标对现代服务业具有显著影响。通过以上分析，得到了包含发展基础、发展环境、发展规模、发展潜力等四个准则层26个指标层的服务业发展最大信息评价体系，使用35.6%的指标反映了95.56%的原始信息。

（三）基于对比分析思想的服务业评价指标体系构建

李宇轩（2018）将服务业产出与全产业产出进行对比，量化服务业单位产出在不同产业中作为中间使用部分的比重得到产业上游度指标，用以衡量服务业在全价值链中的产业竞争力。上游度大，产业在价值链中处于中间生产环节；上游度小，产业在价值链中更多地从事研发设计或最终生产、销售、售后。作者将服务业分为劳动、资本、技术密集型和公共服务业四类分别测算，发现技术密集型服务业参与全球价值链分工程度最深，公共服务业参与度最浅，且服务业整体上游度较低，发展相对缓慢。

李智（2006）采用粗糙集理论和实证方法，另辟蹊径地解决了能力评价中不精确、非确定性的问题。在对指标数据进行离散化处理后，作者删去具有相同分辨能力的指标以简化决策表，缩减指标体系；根据模糊集方法中属性的重要性函数，实现属性简化和指标权重计算。在此基础上，作者将样本分为发达国家和发展中国家，通过组内及组间决策权重对比得到各个国家的电信服务业发展竞争力排名。

孙林（2015）基于预期完成能力测算的思想，着眼于目标水平与实际水平的纵向对比，提出了利用各项宏观统计指标的实际值与规划目标值间的差额作为服务业发展水平得分的方法。作者根据指标体系的设计思路和发达国家服务业的发展轨迹，将服务业的发展分为五个阶段，并对北京市服务业发展水平进行实证分析，测算出北京市服务业发展处于整体协调发展的服务业发展中后阶段。

二、区域服务业发展水平评价及测算的文献综述

由上文可以看出，尽管评价指标体系的构建建立在经济学理论的基础上，但是仍带有一定的主观色彩和研究者风格。因此，对于单个个体的指标测算和评价是没有绝对意义的，只有将指标体系运用在具有一惯性的横向、纵向对比中，才能客观地反映指标体系的效用，为研究对象的评价分析提供理论依据。这就使得服务业评价指标在区域经济的实证对比中被广泛应用，学者们结合研究对象特征和研究目的，设计了各具特色的区域服务业发展水平评价体系，进行了各个维度的对比分析。

田秀杰（2014）选择2003年提出的八大经济区的划分方式①进行区域服务业发展水平的探究。在产值分析中，研究发现第三产业产值与地区生产总值的排名关联度最强，增长状况和地区生产总值增长趋势相似，第三产业的发展能够对区域经济的发展起到很好的带动作用。而从产业结构及就业结构来看，各地区服务业带来的就业机会均处于主导地位，但没有在总产值中占最大比例，

① 八大经济区包括东北经济区、北部沿海经济区、东南沿海经济区、南部沿海经济区、黄河中游经济区、黄河上游经济区、长江中游经济区、长江上游经济区。

服务业生产力有待提高。综合来看，服务业在地区经济发展和促进就业中起到了举足轻重的作用，并且在未来保持着十分巨大的增长潜力。在此分析基础上，进一步选取反映服务业发展水平、产业规模、增长速度和产出效益四个层面的16个指标建立评价体系，采用因子分析方法，将服务业发展水平分解为静态指标、动态指标、增速指标和规模指标，得到各经济区的主成分得分和综合得分排名，并针对总体得分和各项成分得分，为各个经济区服务业的发展提出具有针对性的建议。

在国家尺度的研究中，邓泽霖（2012）、王艳丽（2014）、魏建（2010）等学者广泛采用了因子分析的方法，对各省的服务业发展水平进行了横向对比。孙琳惠（2018）、张海波（2018）、胡玉霞（2015）、李寒娜（2014）等人从省域尺度出发，根据现代服务业发展水平、发展潜力、发展条件等多个角度出发建立符合实证特点的多层次评价指标体系，分别运用熵权法、层次分析法、因子分析法等方法得到指标权重，对山东、湖北、甘肃和江苏等省份进行现代服务业发展水平评价。

林晓薇、陈忠（2017）从现代服务业的总体现状、成长性和基础设施建设三个维度出发，构建现代服务业发展潜力水平的评价指标体系。采用TOPSIS法①得到各项指标的评价系数，进而得到各个省（区、市）的综合评估水平。在此基础上，进一步采用聚类分析的方法，将我国31个省（区、市）的现代服务业潜力划分为差、弱、中、良好、优五个水平。采用Kernel密度估计方法，通过密度曲线的偏态特征判断我国服务业发展潜力的变化趋势。通过分析，我国服务业发展潜力整体处于逐步上升的过程，但各省（区、市）之间呈现出了多极分化的不均衡发展态势。

王庆秀（2014）、刘辉（2013）等学者在构建服务业发展水平评价体系的基础上，利用衡量信息差异尺度的变量为指标赋权，对服务业发展水平的区域差异进行横向比较。王秀庆采用泰尔指数将总体区域差异分解为不同空间尺度的内部和外部差异，对各省（区、市）服务业发展水平的差异及其来源进行测度，发现服务业发展的总体差异和地带内差异呈现先增加后减小的趋势；刘辉在选取金融市场指标的基础上，利用归一化后的均方差值进行赋权，衡量我国23个主要城市群在金融服务业发展水平上的表现，进一步对金融业、保险业、证券

① TOPSIS法（Technique for Order Preference by Similarity to an Ideal Solution），又称优劣解距离法，是一种在现有对象中进行相对优劣评价的方法。

业发展水平进行打分和比较。

第二节 空间计量模型文献综述

空间计量经济学最早由 Paelinck 和 Klaassen（1979）提出，他们没有直接给出空间计量经济学的定义，但提出了用于建立模型的五个基本原则，这些原则很好地将空间计量与普通的时间序列以及计量经济学做了区分。空间计量的正式定义直到 1988 年才被 Anselin 提出，Anselin 认为空间计量经济学是“在统计分析区域科学模型中由于空间因素造成的特殊性，所采用的技术的集合”。事实上这个定义表明这个时期的学者仍然认为空间计量仅仅用于城市规划以及区域性建模，而不可应用于其他经济学或主流学科。直到 2010 年，Anselin 才修改了对空间计量的定义，去除了狭义的城市以及区域性建模的范围设定，这时的定义为：“计量经济学的一个分支，主要研究横截面和时空数据中的空间效应；与地理位置、距离和拓扑相关的变量在模型设定、估计、诊断检验和预测中被明确地区别对待”。

最基础的计量经济学，比如时间序列的自回归模型，往往只考虑了其中一个因变量和自身时间滞后项的相关性，但这种相关性也只是时间上的相关，而非在横截面上不同因变量之间由于空间地理原因上形成的空间相关性，也就是说空间相关性一直存在却未引起学者们的注意。当 Paelinck 和 Klaassen 在 1979 年提出这个问题之后，研究者们开始思考将因变量的空间相关性当作模型考虑的因素之一时，该如何处理随之而来的模型设定问题，包括如何设定模型中的空间效应，如何估计模型中的相关空间效应参数，如何设置有关空间效应的设定性检验和诊断性建议，如何进行空间预测，等等。

一、空间计量模型的设定

空间效应包括空间相互作用和空间结构两方面。

Devlin 和 Cleveland（1988）以及 McDonald 和 McMillen（2004）都提出参数和非参数两种思路作为空间相关性结构的设定参考，而目前大多数学者使用的仍是参数方法。而参数方法中又包括了空间矩阵外生设定法和空间矩阵参数设定方法两种方法。Anselin（1988）详细分析了空间滞后模型（Spatial Lag Model）和空间误差模型（Spatial Error Model）来说明空间矩阵外生设定方法的相关方面。这两个模型是如今空间计量模型的基本模型，但实际应用中使用的模型往往比这两种模型复杂得多。Anselin（1990）将基础模型合并，使得一个模型同时存在两种空间相关性。空间杜宾模型（Spatial Durbin Model，SDM）模型也开始被大家广泛使用，譬如 Paul Elhorst 和 Sandy Freret（2010）对法国党政竞争的研究便基于同时存在两种空间相关性的空间杜宾模型。

当模型数据从横截面拓展到面板时，模型设定进一步复杂化，因为模板数据模型包含了随机效应和固定效应，特别是因变量不仅存在同时期的空间相关，还存在不同时期的空间相关，甚至是因变量自身存在时间滞后性自相关。Koh 和 Song，Baltagi（2003）提出了面板数据的空间误差模型（SER），即在 Anselin 原模型的基础上使用了面板数据，这时的空间相关表现于模型的误差相关，此时模型使用的是极大似然估计方法。Yu 和 Lee（2009）在假设为固定效应的前提下，研究了空间自回归模型（SAR）的面板数据情形。

空间加权矩阵在空间计量模型中表示一个空间因素，其定义随着时间一直在改变。Doreian（1980）根据社会网络结构（social network）定义空间加权矩阵，Hines，Rosen 和 Casse（1993）定义其为两个因变量所在地区的经济距离（economic distance），Manski（1993）认为空间矩阵的设定必须是外生性的，Aten（1997）对空间加权矩阵的定义则是因变量所在地区的贸易依赖性。

二、空间计量模型的估计

最小二乘法（OLS）是最常用于计量模型估计的方法，但前提是模型是满足经典假设的，这时才能得到最优线性无偏估计量。而在空间计量模型中，由于空间相关因素的引入，模型已经不再满足经典假设，于是 OLS 方法也就不再适用，学者们需要新的方法来对空间计量模型进行估计。Ord（1975）用极大似然估计法对空间滞后以及空间误差模型进行了模型估计，但 MLE 的方法在样本数据量大时存在计算量超载的问题，无法推广该方法。Prucha 和 Kelejian（1998）用两阶段最小二乘法来估计一个同时含有滞后自回归和空间误差自回归的模型，Conley（1996，1999）采用 Hansen（1982）提出的 GMM 方法给出了）SEM 模型的GMM，之后Harry，Prucha和Kelejian（1999）又用广义矩估计（GMM）解决ML估计方法在样本数据量大时不便使用的问题，Anselin（2011）给出了带异方差和不带异方差的SEM模型的GMM估计。Pace和LeSage（1999）采用Bayesian估计的方法来估计空间计量模型，特别是LeSage（2009）提出了多种空间计量模型的非经典贝叶斯估计方法，这些估计方法为空间计量模型的贝叶斯分析奠定了重要的基础。

三、空间相关性检验

空间相关性存在的检验是空间计量另一个重要的方面，也是利用空间计量模型进行后续研究的前提条件。

最早也是最为人熟知的Moran's I检验，来源于Moran在1950发表的一篇文章。在文章中，他对使用横截面数据的空间计量模型建立假设检验，在残差是正态分布的假设下该检验统计量服从正态分布。Moran的检验统计量是在处于残差分布的正态性假设下完成的，并且模型是使用OLS进行的估计，种种都导致了检验统计量在实际使用中十分不稳定。随后，空间计量领域的研究者开始着眼于其他的检验方法，如Wald似然比检验方法、基于ML的拉格朗日等。Anselin（1988）基于ML构造了新的检验统计量——拉格朗日乘数检验（Lagrange Multiplier（LM））。同样是Anselin（2001），他在2001年的文章中提出了一种基于ML的RS检验（Rao's score）。

四、空间计量实际应用

相比于国外学者对空间计量模型的设定与检验上的研究和改进，国内学者对于空间计量的研究大多集中在应用层面。其中，应用空间计量模型研究中国经济增长问题的最多，毕竟经济问题大多需要研究者考虑空间效应，特别是社会和经济结构上的空间相关，而不仅仅是狭义上的地理空间相关，因此，空间计量模型的应用不再局限于经济学，其他社会科学都可借鉴使用，这也不难解释为何近些年的空间计量应用相关文章层出不穷。

（一）区域经济差距研究领域的空间计量经济学

学者们往往是以新古典经济理论中"Regional economy will eventually converge

after long - term development”这个观点作为基础，来探讨为何经济发展过程中会出现区域经济差距。这个问题的来源，以及如何改善，都是研究者的关注点。Rey、Fingleton（1999）等都用空间模型研究了经济的收敛性，其中 Rey 的研究对象是美国 1929—1994 年各个州收入，而 Fingleton 则是在研究欧盟中各个国家经济发展收敛性的时候使用了空间计量模型。为了更加全面地考虑模型的设定，从空间外部性和技术的扩展、赶超以及规模报酬递增都被考虑在模型中，最后得出的结论为递增的规模报酬是最大的影响因素。Buettner（2004）和 Geppert（2008）同样研究了欧洲国家经济聚集和经济发展收敛性的关系，以及它们的收敛时间，不同的是他们利用的是空间面板数据模型，并主要探讨了空间外部效应对生产要素积累的影响大小。通过建立一个理论上的增长模型，他们发现结论强有力地支持了他们的假设。林光平（2006）、张学良（2009）、洪国志（2010）、王家庭和贾晨蕊（2009）都基于空间计量方法分析了区域经济的收敛性，其中林光平的研究主体是我国 28 个省（区、市）1978—2002 年实际人均 GDP 的 β 收敛和 σ 收敛性，使用的模型是空间残差移动平均模型、空间自回归模型、空间残差自相关模型。研究结果显示，考虑到省（区、市）间的相关性，采用传统方法进行 σ 收敛研究会产生难以避免的误差，而修正后的 σ - 收敛值显示，近年的中国省（区、市）间经济表现出了 σ - 收敛的趋势。张学良、洪国志二人研究对象则是空间效应对收入差距和经济增长的影响，研究发现这些新的经济增长因素只是减弱了地区经济收敛的趋势，并没有改变收敛的方向。王家庭、贾晨蕊二人分析了区域经济增长差距被城市化的影响程度，他们利用空间滞后回归模型定量地研究了城市化过程中的城市人口规模和产业结构对区域经济增长的影响，结论是：在城市化背景下的今天，提高第三产业的比重是发展经济最需要注意的问题。Bouayad（2010）在文章中对欧盟地区经济的收敛性进行了检验，并利用 GMM 估计对空间动态面板数据模型进行了重新估计。汪桥红（2015）在文章中研究了区域经济增长、波动中的空间依赖性。她收集了 1978—2010 年内我国省级的城市数据，研究结果显示，中国的地区经济增长中存在显著的空间依赖性，而且在控制了传统增长因素和空间依赖因素后的经济波动对长期的经济增长具有负向效用，因此她建议国家应该采取积极的宏观经济调控措施。肖向东等（2015）运用了空间计量方法，基于面板数据研究是什么因素导致了我国城乡居民收入差距在各省（区、市）之间的差别，他的研究结果显示东北以及东部沿海地区收入差距最小，中西部的收入差距最大，而经济发展水平、经济结构和开放程度、财政支出与金融发展以及教育等因素都导致了省（区、市）间差异的产生。

（二）空间集聚与溢出领域的空间计量经济学

Weber（1909）将空间集聚（Spatial Agglomeration）的概念定义为“大量相关事物在地理空间上集中的基础上形成的有机聚合”，而空间溢出（spatial spill-over）则是间接效应（空间效应的一种）的另一种说法。

James（2003）在研究墨西哥区域经济政策的溢出效应时使用了空间计量模型，他通过估计空间乘数来进一步地估计区域经济政策的溢出效应，从而更好地分析了区域经济政策的影响。Elhorst（2005）、吴玉鸣等（2007）都研究了区域经济空间特征，其中Elhorst的研究对象是美国烟草需求的区域集聚特征，他通过应用空间动态面板模型来研究美国烟草需求的区域相关形式以及集聚特征，从而研究出了空间相关因素对各州烟草需求的影响。吴玉鸣（2007）研究了县域经济增长集聚，研究结果表明县域经济增长集聚不仅可以促进本地区经济增长，而且可以通过空间溢出效应带动周边地区经济增长。贾兴梅（2015）、席晓宇等（2015）、常宝瑞（2018）分别研究了中国制造业集聚、医药产业集聚、县域经济增长集聚、房产价格与固定资产投资效率的空间集聚相关的空间计量分析。贾兴梅（2015）对我国制造业集聚与城市化的空间效应进行了分析，将1980—2011年制造业集聚过程与城市化地域变动分为三个不同阶段，并运用面板数据计量检验三阶段两者之间的空间效应关系。研究结果显示制造业集中度与城市化水平在经济增长的不同环境背景下存在相互影响的关系。席晓宇（2015）为了探究我国生物医药产业集聚的空间影响因素，建立了生物医药产业集聚影响因素的空间计量模型，全面分析空间各因素对我国生物医药产业集聚的作用。他的研究结果显示我国生物医药产业存在较明显的空间集聚性和空间正相关性。常宝瑞（2015）运用数据包络分析与探索性空间数据分析研究了中国2011年358个地级市及其同级行政单元的固定资产投资效率、商品房销售面积及销售价格等因素的空间关联性，分析证实其存在显著的正向空间自相关。研究结果显示，房产价格泡沫的破裂在空间城市群上会出现由外围区向中心地城市蔓延的轨迹，且随着空间距离及中心—外围层级的递进而减弱。任国强等（2015）、徐盈之等（2017）、姚丽等（2018）研究了与碳减排、R&D、区域技术创新相关的空间溢出效应。任国强（2015）通过采用我国29个省（区、市）高技术产业与传统产业2001—2010年的R&D投入与产出数据，基于空间权重矩阵和空间计量，考察了空间权重矩阵下我国高技术产业与传统产业的省际 R&D 溢出效应。结果表明，在不同空间计量模型下，高技术产业与传统产业省际溢出效应均很明显，且在不同产业的溢出中，经济距离因素都扮演着重要角色。徐盈之（2015）在文章中试图深入探究我国省际碳减排活动对周边省（区、市）碳排放的影响作用，她首先考察了我国省际碳排放的空间相关性，检验了碳减排空间溢出效应的存在性。研究结果显示，我国省际碳排放总体呈现空间正相关关系，但空间异质性趋势明显；碳减排存在空间溢出效应，且碳减排的空间溢出效应具有明显的空间差异性。姚丽（2018）基于 2001—2011 年中国 31 省（区、市）面板数据，研究了各省（区、市）人均高技术产业产值的空间分布格局与特征。研究结果显示，表征区域高技术产业水平的 HTI 在全域范围内具有正的空间自相关性，表明高技术产业局域性的空间集聚特征明显，另外实证分析也表明空间溢出效应会随地区间距离增大而减小。

（三）工资、健康、外商投资、财政等领域的空间计量经济学

空间计量也可以广泛应用于工资、健康、外商投资、财政等领域中。Molho（1995）运用空间计量研究发现有显著的空间相关效应存在于英国的失业问题中，他利用 1985—1995 年英国地区数据以及横截面数据，得出英国的失业问题受到城市空间位置影响的结论。Buettner（1999）和 Haughton（2003）等用空间计量以及相关区域的数据分析了空间相关性、失业率以及总工资水平对一个区域的工资水平的影响大小和该区域失业率的空间结构。Buettner（1999）收集了德国 1987—1994 年 327 个城区的相关数据，Haughton（2003）收集了法国 1990—1991 年 174 个城区的相关数据，最后都得出空间相关性对区域工资水平具有巨大影响的结论。杨翠迎和王国洪（2015）利用就业及社会保障待遇的相关数据，分析了中国的失业保险金中存在的空间差异以及导致差异的因素，运用探索性空间数据分析方法，通过构建空间 Durbin 双向效应模型，对 2000—2012 年我国失业保险金标准的空间差异和失业保险金标准制定与调整的影响因素进行了分析研究。研究结果表明，我国失业保险金在空间分布上存在正相关性，标准较高的地区在空间上相互聚集，标准较低的地区在空间上相互集中，各省（区、市）之间存在显著的空间依赖性。时涛（2015）分析了养老、就医、婚姻、教育、保险、收入水平等社会福利保障体系因素对人口城市化的影响，应用空间自回归模型分析社会保障均衡发展的主要影响因素。研究结果显示，政府供给是主要影响因素，而空间溢出效应为显著促进因素。

（四）环境、资源、土地、气候等领域的空间计量经济学

环境、资源、土地、气候等问题的研究往往都涉及空间变量，因此空间计量也可以应用在这些领域。Dale、Murdoch（2014）等在文章中应用空间计量分析了生态经济问题，譬如分析欧盟地区的硫和氮的氧化物减排需求问题。李方一等（2015）、邵燕斐和王小斌（2015）、赵光（2017）等都着眼于国内的资源问题。李方一研究了中国产业能耗的区域差异以及联系。研究结果显示，中国产业能耗区域差异和区域联系现象的形成机制，可归因于区域产业分工与产业链分工，以及由此产生的最终产品与中间产品贸易，其中，区域参与产业链分工格局与区域间隐含能源流动格局基本匹配，后三者则在分析测量了国内的区域碳排放量后试图探究驱动因素以及对 GDP 的影响。研究结果显示，在空间分布上中国 31 个省域的碳排放量呈现出正自相关性和空间集聚效应，经济增长对碳排放的依赖性强，中国短时间内实现低碳经济较为困难。文继群等（2011）在文章中研究了耕地资源变化的核心驱动力，采用 1998—2008 年江苏省 13 个地级市的耕地数据，分析了近 10 年来耕地数量变化的基本过程及空间差异。运用 Moran I 指数验证了耕地资源分布空间相关性的存在，并利用空间计量模型研究了江苏省耕地数量变化的驱动机制。马玉珠、Summers 等（2017）都将空间计量模型应用于林木环境研究，前者研究了中华植物细根、磷、碳、氮化学计量学的影响因子以及空间变化，后者则研究了造林成本。

（五）时空演变分析中领域的空间计量经济学

由于空间计量在时间地理上的双重可靠性，空间计量经济学在时空演变领域也得到了不少的应用。薛亮和任志远（2011），赵一哲和赵慧珍（2014），肖刚、杜德斌和戴其文（2016），周晓艳、安月平和李秋丽（2016）用空间马尔可夫研究中国内部区域，研究经济、金融、生态等差异时空演变。薛亮、任志远（2011）运用空间马尔可夫对陕西关中地区的生态安全时空演变进行了分析，并得出区域背景在关中地区生态安全趋同时空演变过程中起着重要作用的结论。赵一哲、赵慧珍（2014）分析了陕西省县域金融效率的时空演变，以陕西省 74 个县为研究对象，运用空间马尔可夫方法对陕西省县域金融效率水平的时空演变特征进行分析。结果表明，陕西省各县（市）金融支持效率普遍较低，且呈现明显的空间差异，同时陕西省县域金融效率受周边县域效率水平的影响明显，形成俱乐部趋同现象。周晓艳、安月平和李秋丽（2016）综合运用探索性空间分析方法和空间马尔可夫对湖北省近 20 年经济差异时空演变格局进行分析。研

究结果显示，县域经济发展水平显著空间自相关，空间集聚程度研究期间存在变大、变小和持续变大的波动，两极分化趋势明显，区域经济差异扩大。肖刚、杜德斌、戴其文（2016）采用变异系数、空间马尔可夫和空间自相关等方法，从时间、空间和区域视角探索1985—2013年我国区域创新差异的时空动态演化过程与特征。研究结果表明，我国区域创新差异持续扩大并呈现两级分化趋同效应，同时区域创新类型的空间转移与创新水平的差距关系密切，区域创新水平的差距越小，发生转移的概率越大，此外，邻域的创新水平明显影响区域创新差异的演变，但这种作用存在不对称性。

（六）其他领域的应用

空间计量在区域创新领域也有应用。吴玉鸣（2006）研究了我国区域工业全要素生产率并检验了空间效应。他运用空间计量模型基于2003年中国大陆31个省（区、市）工业企业统计数据，对中国大陆省级区域工业全要素生产率进行了空间计量经济测算。研究结果发现，在影响我国省域工业生产率的因素中，工业资本投入是造成工业经济增长率在东中西部地区之间和各个省域之间存在巨大差异的主要原因。张继红（2007）、李婧（2010）都采用空间计量方法分析了我国创新和区域经济增长的关系，以及在创新过程中产生的区域空间效应。他们运用空间滞后模型和空间误差模型，对我国31个省域专利创新与区域经济增长的关联机制进行了空间计量经济的实证分析，最后得出了专利创新及其构成都具有空间依赖性，但只有实用新型和发明专利创新具有溢出效应的结论。魏建漳（2015）则在用空间计量研究区域创新之后提出新的创新竞争策略，他认为，地区R&D内部投入与利用区域外部资源的协同创新投入对于地区创新发展具有同等重要的地位，因此区域创新应更加关注“开放创新”策略。Bivand等（2008）在空间残差自回归和空间自回归的基础上研究强制性竞争投标和政府服务成本之间的关系，结果显示两者关系显著。曾淑婉等（2016）主要研究了中国财政支出对区域经济差异变化的影响是否有空间效应。研究结果表明，财政支出与我国全要素生产率、技术效率和技术进步存在着显著的正相关性，且从时间维度上来看，财政支出的空间溢出效应总体上呈现出先增后减的倒U形变化趋势。

五、空间计量在服务业研究领域的应用

由于对服务业的研究基本都会涉及时空和地理的变换，因此空间计量经济

学在服务业研究领域的应用十分广泛。

曾国平、吴明娥（2013）采用2000—2011年各省（区、市）的样本面板数据，运用空间计量模型实证检验了服务业集聚对城市化水平的影响。结果显示，我国城市化发展呈现明显的空间自相关性，且显现出空间溢出效应。宋建秋（2014）基于空间计量模型，在考虑空间因素影响的条件下，探讨相邻地区服务业发展的空间依赖性和集聚特性，揭示出显著影响服务业发展的因素，实证检验后得出我国服务业有较强空间相关性的结论。欧阳彪、陈洁（2015）运用Moran's I指数、LISA地图分析发现中国商贸服务业城市空间格局呈现分布非均衡性、区域发展速度非一致性、分布不对称性、空间相关性和局域空间自相关性等特征。毕斗斗、方远平（2015）通过建立模糊评价指标体系和因子分析法，分析了我国31个省（区、市）服务业创新水平的空间差异及格局变动，基于探索性空间数据法研究我国省域服务业创新的空间分异特征，并首次运用地理加权回归模型分析服务业创新的动力机制及地区差异。研究结果显示，我国服务业创新水平整体较低，地区差距大。李广析和梅林海（2019）基于2007—2016年广州11个区高新技术服务业的面板数据建立空间杜宾模型。研究结果显示，广州的高新技术服务业主要集聚在中心城区，高新技术制造业主要集聚在外围郊县，前者对后者的空间交互效应比直接效应显著。夏伦（2017）用空间计量经济学对我国31个省级行政区域服务业集聚进行研究，主要采用莫兰指数对服务业集聚水平进行分析，并对各地区的集聚模式进行分类，通过空间滞后模型研究各变量对服务业集聚的影响。研究表明，我国服务业在各区域存在显著的空间集聚效应。宋大强和王紫绮（2017）基于空间计量模型，分别探讨了贸易成本对各省（区、市）经济总量和服务业经济发展的影响。研究结果表明，贸易成本对各省（区、市）总体经济和服务业经济均具有正向促进作用，但经济总量对贸易成本的敏感度比服务业经济要高。韩峰、秦杰、龚世豪（2018）基于31个省（区、市）的面板数据，采用动态空间杜宾模型探讨生产性服务业集聚对能源利用结构的影响。结果显示，生产性服务业专业化集聚有助于促进本地区能源利用结构优化，但对周边地区能源利用结构优化却产生了负向空间外溢效应。

第三章　指标体系构建及空间计量理论介绍

第一节　指标体系构建方法

在综合评价模型中，权重的确定是尤其重要的一个环节。当前关于权重确定的方法有很多，一般而言，根据原始数据的来源和类型的不同，主要分为主管赋权法和客观赋权法。

主观赋权法是指决策者通过主观上对各属性的观察和重要程度的判断来确定属性权重的方法，主要包括德尔菲法、层次分析法、二项系数法、环比评分法等。

鉴于主观赋权法的种种不足之处，人们又提出了客观赋权法，其基本思想是：属性权重应当是各种属性在属性集中的变异程度对其他属性的影响程度的度量，赋权的原始信息应当直接来源于客观环境。常用的客观赋权法有主成分分析法、熵权法、多目标规划法，变异系数法等。

本书中，考虑到数据量充足等因素，我们将重点考虑熵权法和变异系数法进行权重的确定。

一、熵权法

熵最早是热力学中表示物质状态的参量之一，其物理意义是体系的混乱程度。随着科技的进步和学科领域的交互增加，目前，熵已经在工程技术、人文社科、经济管理等领域有着非常广泛的应用。在信息论中，信息熵是指在无序状态下，系统的一种不确定度量。假定系统可能出现 m 种不同的状态，每种状态出现的概率为$P_i=(i=1,2,\cdots,m)$时，该系统的熵可以表示为：

$$E_i=-\frac{1}{\ln m}\sum_{i=1}^{m}p_i\ln p_i$$

熵权法的基本思想是通过指标的差异性的大小来确定客观权重。一般而言，如果某个指标的信息熵 E_i 越小，则表示该指标的差异程度越大，提供的信息量越多，在综合评价中可以起到的影响作用越大，即权重越大。如果某个指标的信息熵 E_i 越大，则表明该指标值的变异程度越小，提供的信息量越少，在综合评价中可以起到的影响作用越小，权重也越小。

熵权法的主要步骤如下：

第一步，指标归一化处理。由于个指标的度量单位并不统一，因此在计算综合指标前，需对指标进行归一化处理，即将绝对数指标转化为相对数指标，从而解决度量单位不统一的问题。此外，对于正向、负向指标，由于正向指标越高越好而负向指标越小越好，因此对于正向、负向指标需根据不同公式进行归一化处理。

正向指标：

$$x'_{ij}=\frac{x_{ij}-\min\{x_{1j},\cdots,x_{nj}\}}{\max\{x_{1j},\cdots,x_{nj}\}-\min\{x_{1j},\cdots,x_{nj}\}}$$

负向指标：

$$x'_{ij}=\frac{\max\{x_{1j},\cdots,x_{nj}\}-x_{ij}}{\max\{x_{1j},\cdots,x_{nj}\}-\min\{x_{1j},\cdots,x_{nj}\}}$$

第二步，计算第 i 个样本值占第 j 项指标比重。

$$p_{ij}=\frac{x'_{ij}}{\sum_{i=1}^{n}x'_{ij}}\quad i=1,\cdots,n;j=1,\cdots,m$$

第三步，计算第 j 项指标熵值。

$$e_j=-k\sum_{i=1}^{n}p_{ij}\ln(p_{ij})\quad j=1,\cdots,m$$

第四步，计算指标的冗余信息熵。

$$d_j=1-e_j\quad j=1,\ \cdots,\ m$$

第五步，计算各项指标的权重。

$$w_j=\frac{d_j}{\sum_{j=1}^{m}d_j}\quad j=1,\cdots,m$$

二、变异系数法

变异系数又称为离散系数，是概率分布离散程度的一个归一化量度，其定义为标准差与平均值之比。当需要比较两组数据离散程度大小的时候，如果两组数据的测量尺度相差太大，或者数据量纲不同，直接使用标准差来进行比较不合适，此时就应当消除测量尺度和量纲的影响。而变异系数可以做到这一点，它是原始数据标准差与原始数据平均数的比。CV 没有量纲，这样就可以进行客观比较了。事实上，可以认为变异系数和极差、标准差、方差一样，都是反映数据离散程度的绝对值。其数据大小不仅受变量值离散程度的影响，还受变量值平均水平大小的影响。

变异系数法是直接利用各项指标所包含的信息，通过计算得到指标的权重，是一种客观赋权的方法。此方法的基本做法是：在评价指标体系中，指标取值差异越大的指标，也就是越难以实现的指标，这样的指标更难反映被评价单位的差距。由于评价指标体系中的各项指标的量纲不同，不宜直接比较其差别程度。为了消除各项评价指标的量纲不同的影响，需要用各项指标的变异系数来衡量各项指标取值的差异程度。变异系数法的主要步骤为：

第一步，计算变异系数。

$$V_i = \frac{\sigma_i}{\bar{x}_i}(i = 1,2,3,4,\cdots,n)$$

第二步，计算各指标权重。

$$W_i = \frac{V_i}{\sum_{i=1}^{n} V}$$

第二节　空间计量相关方法

一、空间效应

空间效应是反映变量之间在空间上的相互作用和影响，一般可以分为空间相关性和空间异质性；空间相关性是指经济变量之间存在着通过空间结构体现出来的相关性；而空间异质性是指不同经济体之间存在着差异性，这种差异性由空间分布或空间结构特点导致，以模型函数形式或参数表现出来。

二、空间相关性检验

在分析空间相关性时，首先应该对空间相关性进行检验，常见的检验方法包括莫兰检验，LM－error 检验、LM－lag 检验等。莫兰检验是最常见的空间相关性的检验方法。

（一）全局空间自相关检验

莫兰统计量反映的是空间邻接的区域单元变量的值的相关程度，若 X 是区域的观察值，则该变量的全局莫兰值为：

$$Moran = \frac{n\sum_{i=1}^{n}\sum_{i=1}^{n}W_{ij}(x_i - \bar{x})(x_j - \bar{x})}{\sum_{i=1}^{n}\sum_{i=1}^{n}W_{ij}(x_i - \bar{x})^2}$$

其中，X_i 为区域 i 的属性值；n 为区域总数；$\bar{x}$ 为属性均值；W_{ij} 为空间权重矩阵，代表空间单元 i 和 j 之间的影响程度。统计量的取值一般在［－1，1］之间，小于 0 表示负相关，大于 0 表示正相关，等于 0 表示不相关。统计量的值越接近－1，表示单元之间的差异越大、分布越不集中；越接近于 1，表示单元间的关系越紧密、性质越接近。

（二）局部空间自相关检验

全局莫兰统计量在对空间自相关的全局进行描述时，忽略了空间过程的潜在不稳定性，而局部空间自相关分析则能够避免这一问题。局部莫兰统计量和莫兰指数散点图检验不同区域各属性值的局部空间自相关性，表达式为：

$$I_i = \frac{(x_i - \bar{x})}{S^2}\sum_{j=1}^{n}W_{ij}(x_j - \bar{x})$$

$$S^2 = \frac{1}{n}\sum_{i=1}^{n}(X_i - \bar{x})^2$$

其中，S^2 为方差，其余字母代表内容与全局莫兰检验表示相同。局部莫兰指数在［－1，1］范围内。若莫兰指数大于 0，则表示该区域单元与周围区域单元存在正相关性，其中，正相关性可以分为高高集聚（HH）和低低集聚（LL）

型；若莫兰指数小于0，则表示该区域和周边区域呈负相关关系，负相关性可以分为高低（HL）和低高（LH）两种类型。区域单元的局部空间自相关程度还能通过莫兰指数散点图进一步直观表达。莫兰指数散点图分为4个象限：第Ⅰ象限——高值区域单元被高值区域所包围（高—高）；第Ⅱ象限——低值区域单元被高值区域所包围（低—高）；第Ⅲ象限——低值区域单元被低值区域所包围（低—低）；第Ⅳ象限——高值区域单元被低值区域所包围（高—低）。Ⅰ、Ⅲ象限为正的空间自相关，Ⅱ、Ⅳ象限为负的空间自相关。

（三）空间权重

空间权重矩阵 W 表达 n 个位置的空间主体的相邻关系，空间矩阵的构造必须满足“空间相关性随之距离的增加而减少”的原则。这里的“距离”是广义的，可以是地理上的距离，也可以是经济意义上的合作关系的远近。本书选用反距离权重矩阵作为空间自相关分析的基础，形式如下：

$$W_{ij}=\begin{cases}0,\ (i=j)\\1/d_{ij},\ (i\neq j)\end{cases}$$

其中，d 是两地的地理中心点之间的距离。

三、空间回归模型

空间计量经济学主要是分析横截面数据和面板数据中出现的空间效应，研究的主要思路是将空间效应在传统计量模型中通过引入空间滞后变量体现出来，并在新建立的模型上进行估计、检验。目前主要基础模型为空间滞后模型和空间误差模型。

（一）空间滞后模型

空间滞后模型（spatial lag model，SLM）主要应用于研究相邻主体地区行为对系统内其他地区行为存在影响的情况。其模型表达式为：

$$Y=\rho WY+X\alpha+\varepsilon$$

其中，Y 为被解释变量；X 为 $n\times k$ 阶的解释变量矩阵；W 为 $n\times n$ 阶的空间权重矩阵；ρ 为空间自回归系数，反映了样本观测值中的空间依赖作用；α 为 X 的参数向量；ε 为随机误差向量。

（二）空间误差模型

空间误差模型（spatial error model，SEM）主要通过误差项来体现区域间的空间依赖关系。基本表达式为：

$$Y = X\beta + \varepsilon$$

$$\varepsilon = \lambda W\varepsilon + \mu$$

其中，ε 为随机误差向量；λ 为 $n \times 1$ 的截面因变量向量的空间误差系数，度量了邻近个体关于被解释变量的误差冲击对本个体观察值的影响程度；μ 为正态分布的随机误差向量；参数 β 反映了自变量 X 对因变量 Y 的影响。

四、空间回归模型估计与检验

（一）空间回归模型的估计

对于空间回归模型，空间效应的存在对回归系数估计产生显著影响，传统的估计方法不再适用于带有因变量的空间滞后项的模型或随机误差项自相关的模型，普通最小二乘法进行参数估计会出现有偏或无效。而采用极大似然估计法，结合一定的非线性优化过程来估计空间回归模型的系数，将空间相关性融合到观测值的联合概率密度中。

（二）空间回归模型的检验

1. LM – Lag 检验。检验不存在空间残差相关时，空间自回归效应是否显著，原假设为空间自回归效应不显著。

2. LM – Error 检验。检验不存在空间自回归时，空间残差自相关效应是否显著，原假设为模型残差不存在空间效应。

3. Robust LM – Lag 检验。稳健的 LM – Lag 检验，原假设与 LM – Lag 检验原假设一致。

4. Robust LM – Error 检验。稳健的 LM – Error 检验，原假设与 LM – Error 检验原假设一致。

五、时空演变分析相关方法

（一）传统马尔可夫分析法

传统马尔可夫分析法从本质上来说是构建马尔可夫转移概率矩阵，根据所研究问题当前的发展状况来推测其在未来一段时间内的发展状况，在此情况下并不考虑周围环境对其发展的影响。其原理是：将 t 年份所研究对象的概率分布

表示成一个 $1\times k$ 的状态概率向量P_t，记为$P_t=[P_{1t},P_{2t},\cdots,P_{kt}]$，则不同年份研究对象之间的转移概率可用一个 $k\times k$ 的马尔可夫转移概率矩阵表示，状态转移概率P_{ij}表示第 t 年属于类型 i 的研究对象在下一年转化为类型 j 的一步转移概率，且$P_{ij}=\frac{n_{ij}}{n_i}$。其中，$n_i$表示第 t 年属于类型 i 的对象数量 $\left(n_i=\sum_{j=1}^{k}n_{ij}\right)$；$n_{ij}$表示在整个研究范围内，研究对象有第 t 年属于类型 i 而在第 $t+1$ 年属于类型 j 的对象数量；n，$j=1$，2，…，k，k 为不同状态的个数。

（二）空间马尔可夫分析法

随着空间计量理论的发展，对现实中的许多问题有了更加全面的刻画。由于传统的马尔可夫在对问题进行分析时，并没有考虑周围环境的影响，而事实上现实生活中许多问题的产生并非是独立的，这种分析方式在一定程度上反映的结果是片面的。而空间马尔可夫状态概率转移矩阵则是对传统马尔可夫状态概率转移矩阵的完善，考虑了周边环境对所研究对象的影响，同时从空间、时间两个方面对问题进行刻画。其原理是：从条件概率的角度出发，即在研究对象在初始年份其周围环境所处的状态类型（空间滞后类型）一定的条件下，将传统的 $k\times k$ 阶马尔可夫状态概率矩阵分解为 k 个 $k\times k$ 阶条件转移概率矩阵。其中，对第 k 个条件矩阵中的元素$P_{ij/k}=\frac{n_{ij/k}}{n_{i/k}}$，$n_{i/k}$表示以第 t 年其周围环境所处类型为 k 作为条件时，在第 t 年属于类型 i 的研究对象数量；$n_{ij/k}$表示在整个研究范围内，当以第 t 年其周围环境所处类型为 k 作为条件时，第 t 年属于类型 i 在第 $t+1$ 年属于类型 j 的研究对象数量，即 $n_{i/k}=\sum_{j=1}^{k}n_{ij/k}$；$i$，$j=1$，2，…，$k$，为不同状态的个数。

周围环境的状态（空间滞后状态）类型计算过程可用研究对象观测值向量（Y）做成空间权重矩阵（W）的乘积（WY）表示，即为其周围研究对象的加权平均值。此外，本书的空间权重矩阵选择邻接空间权重矩阵，即当两个省（区、市）i、j 相邻时，$w_{ij}=1$，否则$w_{ij}=0$。

第四章　发展力水平测度

对于服务业发展力评价的研究，能有效帮助政府制定引导服务业发展的政策。但目前来看，我国的服务业发展力评价以及研究并不成熟：针对不同行业，指标评价体系出入很大。如针对高技术行业，主要关注硬件技术、试验条件、发明专利等指标；针对交通运输、仓储和邮政行业，主要关注公共交通车辆、客运周转量、货物周转量、邮电业务量、移动电话、本地电话局交换机容量、人均邮电业务量和互联网宽带用户数等指标；针对信息服务业，主要关注各年信息传输服务业、计算机服务业和软件业的经营收入、年末在岗职工数以及研发投资额等指标；针对金融服务业，主要关注金融机构存款余额、金融机构贷款余额、保费额度、金融从业人员数、ATM 机数量、信用卡发行量、信用卡交易量和金融科技人员数等指标。这些基于传统范式的指标，并不适合于评估具有无形性、不可分离性、不可贮存性、使用权所有权分离等特征的服务业的发展力。尤其在全球化背景下，服务业发展力已不是固化的概念，继续采用不适用的指标体系，将使服务业发展力无法得到有效衡量，继而让服务业从业人员无法及时把握现有政策机会，难以引导产业发展升级。

目前国内鲜有针对区域服务业发展力的研究。考虑服务业集群的重大影响，我们重点考察区域服务业发展力。服务业集群，是服务业特定领域内联系密切的企业在空间上的集中并由此带来范围经济和规模经济的机构的集合。服务业集群的构成除了服务企业、服务的供应者和消费者外，还包括服务业的相关机构、集群所在地的基础设施、人文环境和政策环境。这些行为主体之间是通过物质、知识、技术、人力资源、信息和资本等方面的交换，形成的一种具有共生关系的共同体。服务业集群的形成高度依赖于城市经济发展基础、社会结构、人才积聚等基础条件，因此绝大多数服务业必须借助于大都市的载体来实现。服务业集群一旦形成，其地方根植性远远强于制造业。与此同时，服务业集群对区域服务业的创新性举足轻重：服务业为制造业提供的服务有助于制造业的创新发展，且集群内企业间的共享、交流和合作机制，又为自身的创新发展提供了基础和条件。因此，我们着重从空间角度衡量服务业的发展。

综上所述，必须根据现阶段我国服务业发展的特点，基于切合服务业特征的范式，考虑服务业集群效应，构建完整的服务业发展力评价指标体系及操作方式。

第一节　指标选取

从上文分析可以看出，现阶段我国服务业发展力评价问题属于多层次、多因素的复杂的宏观问题，尤其是在我国经济转型的关键阶段，对我国服务业发展力的评价更需要从多角度、多水平出发，构建多层次、多指标体系，才能对我国现代服务业发展力水平进行合理、客观的评价。

一、指标体系的构建原则

对我国省域服务业发展力水平进行综合评价，前提和关键是要选择合理的变量，构建具有科学性、全面性的综合评价指标体系。因此在指标体系的构建过程中，应当充分考虑科学性和客观性、综合性、层次性、可操作性等原则。

（一）科学性和客观性

我国服务业发展力综合评价指标体系的构建过程中，从指标的选取、计算各指标权重到最终建立完整的综合评价指标体系，都应建立在对我国服务业发展现状、发展潜力以及相关发展政策进行深入分析的基础上，从而才能客观地、合理地对我国服务业发展能力进行科学评价。

此外，科学性在一定程度上也保证了构建综合评价指标体系的客观性，即在构建服务业发展力综合评价指标体系的过程中，不能仅仅依靠主观判断，而应充分考虑实际情况，如权重的计算不能单纯通过主观臆断进行赋权，而要选用合理客观的方法进行确定。

（二）综合性

我国服务业具有行业类别高、复杂度高的特点，并且不同行业之间存在着较大的差异，因此在选取变量构建指标体系的过程中，必须遵循综合性的原则，即所选取的变量能够充分反映我国服务业发展潜力，尽量使用较少的指标完成构建指标体系的任务。此外，指标的选取也要充分反映不同行业不同方面服务业的发展特点。

（三）层次性

我国服务业发展力综合评价指标体系是一个复杂的、多层次的指标体系，尤其是近几年，在我国经济进行转型的过程中，诸多经济因素都在影响着我国服务业的发展潜力。因此在构建服务业发展力综合评价指标体系的过程中，所选取的指标都应根据自身的经济内涵，按照一定的层次关系构建一个相互关联的整体。同时，指标体系不仅能从时间角度进行对比，即指标体系能够分析某一地区服务业发展力随时间的变化趋势，也能从空间角度进行对比，即在同一时刻可对比不同地区服务业发展力的差距。

（四）可操作性

可操作性是构建指标体系所必须考虑的一个原则。可操作性是要求在构建指标体系的过程中，应当充分考虑数据的可获得性以及可处理性。在选取指标的过程中，尽管有些指标可以充分反映当前服务业的发展特点，但若其数据无法获取或无法运用相关方法进行转换时，也应考虑其替代变量，从而保证所构建指标体系的科学性和客观性。

二、指标选取

要对我国服务业发展力进行综合评价，首先需明白服务业的发展力水平评价问题属于多层次、多因素的复杂宏观经济问题，服务业的发展受到不同方面各个因素的影响和制约，因此只有在构建指标体系时充分考虑这些影响因素，才能对我国服务业发展力进行科学、合理的评价。

在充分考虑我国服务业发展现状以及国家相关政策的基础上，依据科学性和客观性、综合性、层次性、可操作性等原则，从以下四个方面，由简入繁地构建我国服务业发展力综合评价指标体系。

（一）服务业发展规模

从服务业的发展规模看，发展规模能够反映当前我国服务业以及经济总体发展情况，是衡量服务业发展力的基础。将不同行业、不同方面服务业的发展情况整合到一起，通过研究整体规模，能有效地从外部对当前服务业整体进行评价。因此本书从经济整体发展趋势以及服务业发展状况出发，选取相关指标。

1. 地区生产总值（GDP），表示我国整体或某一地区当前经济发展状况，它是全面反映当代服务业发展经济背景的指标。

2. 地区人均 GDP，等于地区生产总值（GDP）/地区常住人口，它表示了地区 GDP 的人均值。生产总值反映的是经济发展的规模，而人均 GDP 则能反映出当前的经济效益。

3. 服务业增加值，反映了当前经济形势下，地区服务业的整体发展规模，指标值越大则服务业发展规模越大。

4. 服务业固定资产投资，一方面反映了当前产业结构情况，另一方面体现了服务业的发展潜力。指标值越大则表示服务业的发展潜力越大。

（二）服务业产业结构

从服务业产业结构看，当前我国服务业规模及涵盖范围越来越广，因此在构建服务业发展力的指标体系时应当充分体现当前服务业的产业构成，如从业人员、投资比重等方面，从而从服务业内部对其发展力进行评价。

1. 服务业增加值占 GDP 的比重，等于服务业增加值/GDP，该指标反映了服务业对 GDP 的贡献，其贡献的变化可以反映出服务业发展的情况。

2. 服务业固定资产投资额占全社会固定投资总额比重，等于服务业固定资产投资额/全社会固定资产投资总额，它表示了地区服务业固定资产投资对全社会固定资产投资所带来的贡献，也在一定程度上反映了服务业的发展规模和发展潜力。

3. 服务业就业人口占总就业人口比重，等于服务业就业人口数/总就业人口数，反映了服务业的发展为社会就业所做的贡献。

（三）服务业发展质量

从服务业发展质量看，服务业发展的最终目的是为现代化经济下的企业和个人提供更为高质量的服务。因此将服务业发展质量引入到服务业发展力的综合评价指标体系的构建中是完全有必要的，在此将金融业、交通运输业、零售业以及高新技术产业引入服务业的发展质量评价中。

1. 金融机构本外币存款余额。金融业是当前现代服务业中的重要产业，金融机构本外币存款余额反映了当前金融行业的整体发展规模。

2. 综合货运量（公路、铁路、水运、航空）。交通运输业的发展最重要的体现是综合货运量，通常情况下，交通运输业越发达则综合货运量越高。

3. 社会消费品零售总额。零售行业也是当前我国服务业的重要产业，因此选用社会消费品零售总额反映当前零售行业的发展规模。

4. 专利申请数。高新技术产业是服务业发展的未来，也是国家当前政策的重点，而技术发展离不开专利的申请，因此选用专利申请数反映当前高新技术产业的发展状况。

（四）服务业发展潜力

从服务业发展潜力看，现代服务业发展力的发展趋势很大程度上依赖于当前服务业的发展潜力，这也是对服务业发展水平的动态评价。

1. 城镇居民人均可支配收入。服务业发展的重要目的之一是拉动国内经济增长，该指标反映了当前国民的消费能力，因此会在一定程度上反映出我国服务业的发展上限。

2. 城镇化率，等于城镇人口/总人口，当前我国服务业的发展主要针对我国城镇地区，而农村服务业的发展才刚刚起步，该指标越大说明我国服务业发展的潜在规模越大。

3. 服务业就业人口。服务业的就业人员一方面反映了服务业的发展程度，另一方面反映了服务业吸纳劳动力的能力，该指标数值越大则吸纳劳动力能力越强。

4. 服务业增加值增长速度，等于服务业当年的增加值/上一年增加值，该指标衡量了服务业的发展相对变化，能体现服务业的发展趋势以及发展潜力。

5. 工业化率。工业是我国发展的传统型支柱产业，在服务业的发展过程中离不开工业的支撑，该指标反映了当前我国工业发展水平。

第二节　指标体系的构建

一、服务业发展力综合评价结构

根据所选取的指标以及构建指标体系应当遵循的原则，可构建服务业发展力综合评价指标体系如表 4－1 所示。

表 4－1　　　　服务业综合发展力指标表

Ⅰ	Ⅱ	Ⅲ
服务业发展力综合评价指标体系	发展规模 F1	地区生产总值 C1
		地区人均 GDP C2
		服务业增加值 C3
		服务业固定资产投资 C4
	产业结构 F2	服务业增加值占 GDP 比重 C5
		服务业固定资产投资额占三次产业固定资产投资额比重 C6
		服务业就业人口占总就业人口比重 C7
	发展质量 F3	金融机构本外币存款余额 C8
		综合货运量（公路、铁路、水运、航空）C9
		社会消费品零售总额 C10
		专利申请数 C11
	发展潜力 F4	城镇居民人均可支配收入 C12
		城镇化率 C13
		服务业就业人口 C14
		服务业增加值增长速度 C15
		工业化率 C16

二、指标体系权重测度

（一）指标权重的测算

本书采用熵权法解决服务业发展力综合评价指标体系中指标权重的计算问题。熵权法基本原理是根据指标观测值所提供信息的多少来确定该项指标的权重。通常情况下，熵权法计算的权重依赖的是各指标所提供的信息熵值，因此比德尔斐法和层次分析法所计算的权重更为客观。但是在运用熵权法时对样本数据的要求较高，即要求完整数据。对于服务业发展力综合评价指标体系的构建来说，统计资料可以满足此要求，因此本书采用熵权法计算评价体系中各指标的权重。

对于二级指标权重的确定，根据熵的可加性，可对二级指标下的三级指标进行求和，得到相应二级指标对应的权重。因此，对二级指标权重的确定，即发展规模、产业结构、发展质量、发展潜力指数权重可通过对三级指标权重加总获得。依据对指标所赋的权重，可完成指标体系的构建，并对我国及各地区服务业发展力进行综合评价。

（二）指标权重的分析

1. 三级指标权重分析。我们利用熵权法计算得到各指标的权重，得分的高低反映了所选取的指标在总体中提供信息的多少，即在服务业发展综合评价指标体系中的重要程度。各年度各项三级指标权重如表4－2所示。

表4－2　　　　服务业综合发展力三级指标权重表

三级指标	2010年	2011年	2012年	2013年	2014年	2015年	2016年
地区生产总值	6.84%	6.31%	6.36%	5.89%	5.93%	6.41%	6.74%
地区人均GDP	7.23%	6.61%	7.27%	7.31%	8.18%	7.57%	7.70%
服务业增加值	8.82%	8.33%	8.48%	7.76%	7.74%	8.10%	8.33%
服务业固定资产投资	5.18%	5.12%	5.12%	4.77%	4.61%	4.98%	5.11%
服务业增加值占GDP比重	1.31%	1.32%	1.33%	1.23%	1.23%	1.31%	1.33%
服务业固定资产投资额占三次产业固定资产投资总额比重	3.58%	4.72%	3.31%	4.32%	5.53%	5.74%	5.80%
服务业就业人口占总就业人口比重	3.87%	3.85%	4.88%	4.67%	4.13%	4.13%	1.64%
金融机构本外币存款余额	9.09%	8.42%	8.54%	7.86%	7.92%	8.95%	9.07%
综合货运量（公路、铁路、水运、航空）	7.00%	6.69%	6.91%	6.87%	6.30%	6.32%	6.55%
社会消费品零售总额	7.76%	7.39%	7.57%	7.04%	7.06%	7.45%	7.63%
专利申请数	17.30%	16.94%	17.90%	15.55%	13.70%	13.39%	14.05%
城镇居民人均可支配收入	8.83%	8.18%	8.74%	10.51%	11.16%	12.39%	13.06%
城镇化率	3.18%	2.79%	2.63%	2.32%	2.33%	2.38%	2.39%
服务业就业人口	6.35%	6.00%	6.29%	5.87%	5.70%	5.88%	5.91%
服务业增加值增长速度	2.20%	5.78%	3.10%	6.43%	6.91%	3.12%	2.62%
工业化率	1.46%	1.57%	1.58%	1.60%	1.58%	1.87%	2.05%

从三级指标来看，大部分指标权重在观察期内的变化幅度较小，处于相对稳定的状态。专利申请数在各年份都占据了最大的比重，平均占比为15.55%。各年份中权重占比最高的为2010年，达17.30%；指标权重最低的为2015年，为13.39%。

其余较为重要的指标包括城镇居民人均可支配收入、金融机构本外币存款余额和服务业增加值，2010—2016 年平均权重分别为 10.41%、8.55% 和 8.22%。其中，城镇居民人均可支配收入的权重在近七年中一直稳步上升，其年均增长率为初始权重的 11.96%，2016 年达到 13.06%。

在所有三级指标中，权重最低的指标依次为服务业增加值占 GDP 比重、工业化率和城镇化率，平均权重分别为 1.29%，1.67% 和 2.57%。分别去除权重最高和最低的 3 项指标后，其余指标的平均权重为 5.82%，与全体 16 个指标的平均权重 6.25% 接近，中间段指标分配较为平均。

还有一些指标在各年份中的占比波动较大。服务业增加值增长速度指标上下波动幅度较大，呈现出震荡波动的特征，其权重在 2010—2013 年一直处于涨跌中，并在 2014—2015 年的一次大幅度下跌后逐渐平稳。服务业就业人口占总就业人口比重指标的权重在前六年一直处于平稳状态，但在 2016 年出现明显的下降趋势，最终下跌至 1.6%。

2. 二级指标权重分析。根据上文中熵的可加性原则，由三级指标权重得到各年度服务业发展力二级指标权重（见图 4－1）。

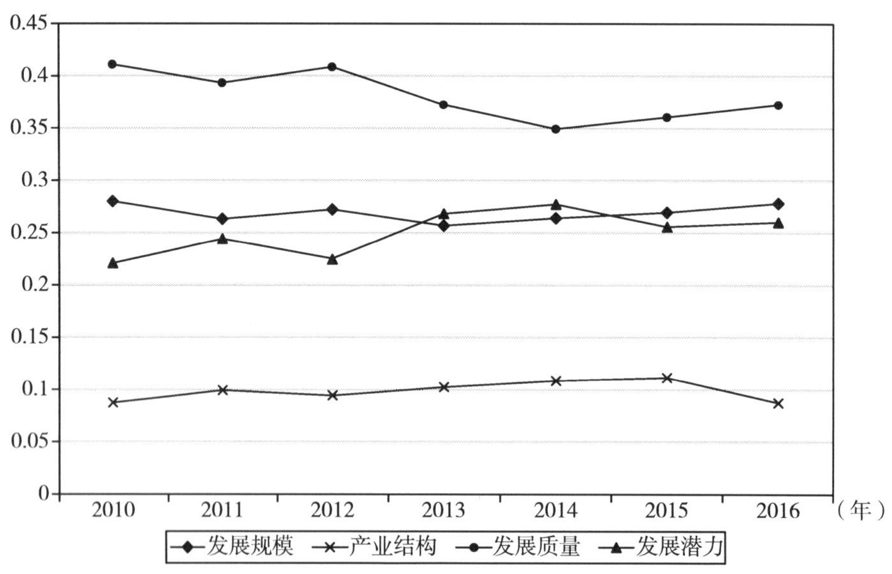

图 4－1　各年度服务业发展力二级指标权重图

从二级指标来看，各项二级指标在各年份的权重表现较为稳定。发展质量指标在各年度重要性最高，平均为 38.18%；产业结构指标在各年度重要性最低，平均为 9.89%。发展规模和发展潜力比重相差不大，平均权重分别为

26.97%和24.96%。7个记录年度中有5个年度发展规模权重高于发展潜力。从图4－1可以更加清晰地看出各项二级指标权重的对比及变动情况。

第三节　各地区服务业发展力水平对比

一、基于截面数据的各省（区、市）服务业发展力综合水平分析

利用上一节得到的动态指标权重测算各年度各省市服务业发展力水平，并按照省市维度计算年均得分（见表4－3）。由于经济和产业的发展具有连续性和一贯性，因此得到的结果反映了各省（区、市）服务业发展力在一段时期内的整体水平。本节将从省域和经济区域两个维度出发，探究服务业发展力综合水平的差异。

表4－3　　各省（区、市）服务业年均发展力水平得分表

省（区、市）	年均得分	省（区、市）	年均得分	省（区、市）	年均得分
北京市	53.58	浙江省	58.84	四川省	36.33
天津市	32.58	福建省	33.60	贵州省	15.24
河北省	30.39	江西省	20.08	云南省	20.08
山西省	19.96	山东省	53.23	西藏自治区	6.36
内蒙古自治区	24.47	河南省	34.68	陕西省	24.56
辽宁省	35.09	湖北省	31.74	甘肃省	10.15
吉林省	16.29	湖南省	31.15	青海省	9.98
黑龙江省	19.37	广东省	72.98	宁夏回族自治区	10.52
上海市	46.19	广西壮族自治区	18.17	新疆维吾尔自治区	13.56
江苏省	71.10	海南省	14.97		
安徽省	32.89	重庆市	25.86		

注：将所有指标得分转化为百分制，并保留两位小数，但进行影响因素分析时仍使用未转化的一级指标。

（一）基于梯队差异的省域发展力综合水平分析

我国各省（区、市）服务业发展水平可以较为明显地分为三个梯队。其中，第一梯队为广东省和江苏省，年均发展力得分分别为72.98和71.10。第二梯队为浙江省、北京市、山东省和上海市，年均发展力得分分别为58.84、53.58、

53.23 和46.19。其余省（区、市）为第三梯队，年均发展力得分均低于40 且较为密集，其中得分最高的为四川省，最低的为西藏自治区，得分分别为36.33 和6.36。全国服务业发展水平平均值为29.81，中位数为第16 名的重庆市，得分为25.86，各省（区、市）得分总体呈左偏分布。

我们用前一梯队年均综合发展指数的末位和后一梯队年均综合发展指数的首位间分差来衡量两梯队间服务业发展水平的差距，一二梯队相差12.26 分，二三梯队相差9.86 分，梯队间差异较为显著且各年份均无层间流动。各梯队内水平接近，排名位次在不同年份存在一定的变化。可见，我国各省（区、市）可以分为服务业综合发展领先的省（区、市）、发展较好的省（区、市）和有待发展的省（区、市）。各类省（区、市）呈现出不同的特征，因此分别从各类省（区、市）出发评价服务业综合发展水平。

1. “排头兵”省（区、市）排名稳固，领先优势明显

广东省和江苏省作为全国服务业发展领先的省份，从全国的左偏分布特征和梯队间差距水平两方面来看优势均十分明显（见图4－2）。

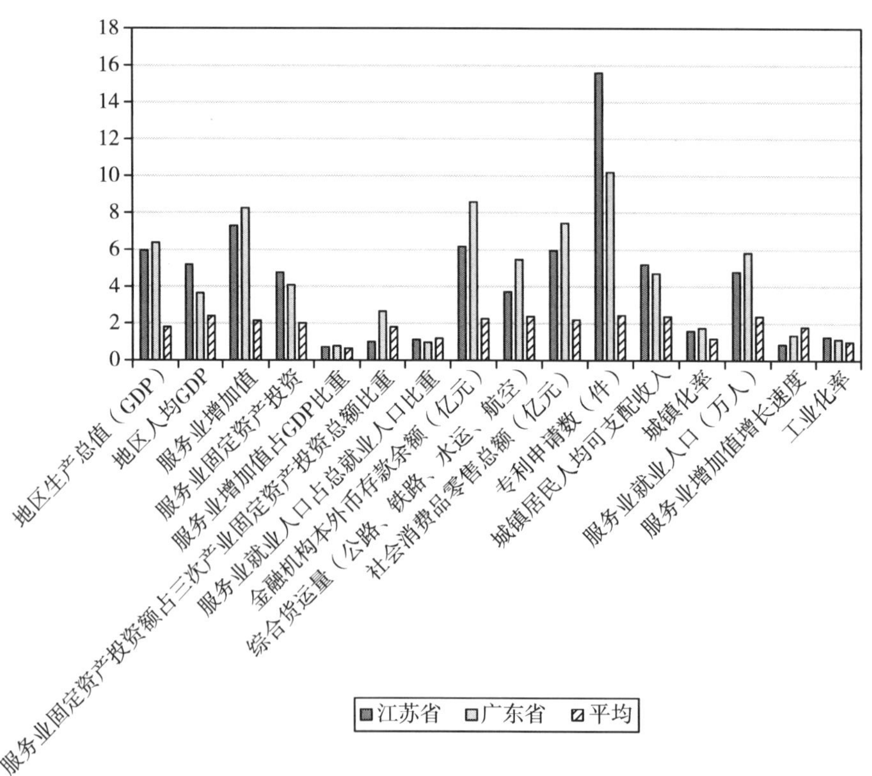

图4－2　发展较好省（区、市）及全国平均水平三级指标对比图

与全国平均水平对比来看，苏粤两省在绝大多数三级指标中都有高于全国平均水平的表现，但在个别指标上低于全国水平。在服务业就业人口占总就业人口比重指标上，广东、江苏两省得分分别为0.95和1.10，低于1.17的全国平均水平；在服务业增加值增长速度指标上，广东、江苏两省得分分别为0.878和1.34，低于1.82的全国平均水平。在服务业固定资产投资额占三次产业固定资产投资额比重指标上，江苏低于全国平均水平。

从两省之间的对比来看，广东省总体稍领先于江苏省，7个记录年度中，除2012年和2013年外的5个年度广东均有更好的表现。在所有16个三级指标的年度平均值对比中，广东省在10个指标方面优于江苏省，江苏省在6个指标方面优于广东省。其中，广东省在服务业固定资产投资额占三次产业固定资产投资总额比重、综合货运量和金融机构本外币存款余额三项指标得分上优势明显，分别比江苏省高出162.83%、45.89%和38.28%；江苏省在专利申请数和地区人均GDP两项指标上优势明显，分别比广东省高出51.98%和41.93%。需要注意的是，虽然广东省在服务业固定资产投资额占三次产业固定资产投资总额比重指标中具有非常瞩目的优势，但是这一指标在全体指标中所占权重最低，因此这种优势并不能带来非常显著的总体优势。从二级指标来看，广东和江苏两省均在发展质量上有突出的表现，这也是领先全国水平最多的指标，分别比全国平均水平高出245.09%和243.04%。而在产业结构上，两省得分与全国水平相差最小，分别为全国水平的77.04%和119.12%（见图4-3）。

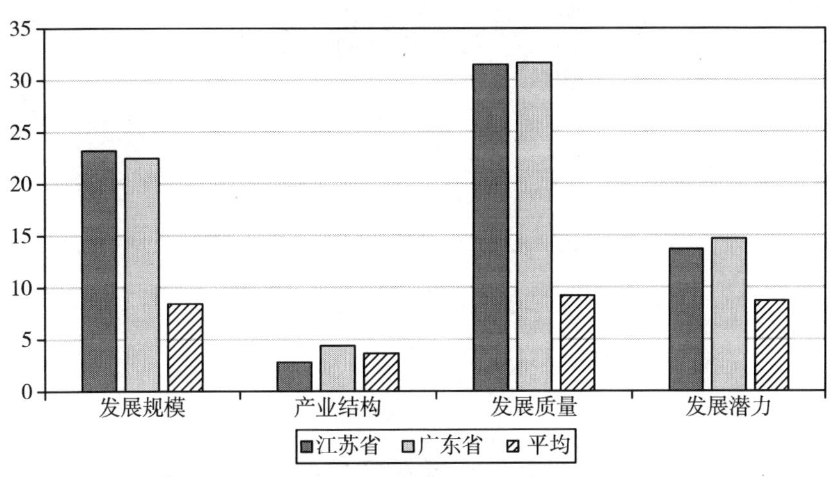

图4-3 发展较好省（区、市）及全国平均水平二级指标对比图

2. 二梯队稳定发展，四省（区、市）各放异彩

服务业发展水平较好的省市有浙江省、北京市、山东省和上海市。这四个省市总体上高于全国平均水平，但各自在不同的方面有着不同的亮点。

在16个三级指标中，浙江省在地区生产总值、专利申请数两方面占有很大的优势，分别比第二名高出73.47%和73.15%。北京市在地区人均GDP、服务业额增加值占GDP比重、服务业固定资产投资占三次产业固定资产投资总额比重、服务业就业人口占总就业人口比重和金融机构本外币存款金额5项指标中保持一定的领先，其中，服务业增加值占GDP比重领先第二名较大，高出第二名78.91%，其余各项高出1.24%、29.67%、47.91%和30.26%，均在50%以下。这5项指标囊括了产业结构二级指标下的所有3项三级指标，可见北京市在服务业产业结构方面保持着全面的优势。上海市在城镇居民人均可支配收入和城镇化率两项三级指标中在四省市排第一，山东省则在余下7项指标中排名第一，为第二梯队领先指标最多的省（见图4-4）。

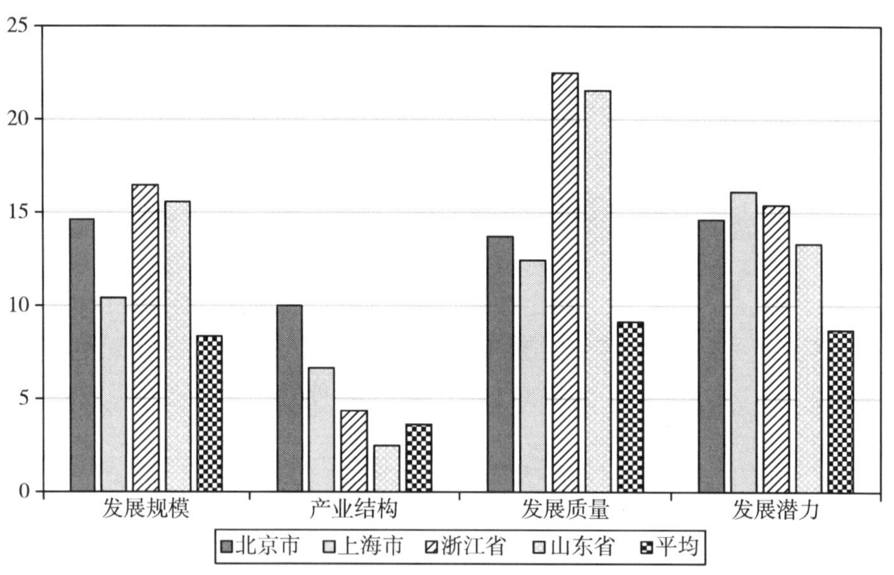

图4-4　第二梯队及全国平均水平二级指标图

从二级指标来看，浙江省最为突出，以两项指标第一、一项指标第二、一项指标第三的表现领跑四省市，两项第一的指标分别为发展规模和发展质量。二级指标表现居次席的是上海市，在发展潜力指标上最为突出，同时有一项二级指标位列第二、两项位列第三。北京市产业结构排名第一且优势明显，领先第二名上海市50.88%，其余三项二级指标均位列第三。山东省在二级指标中表

现相对弱势，四项指标中有两项位列第二、两项位列第四，其中产业结构一项比全国平均水平低31.32%。对比三级指标来看，山东省有7项三级指标的领跑优势，但在二级指标上的表现却存在不足，说明山东省在细分领域上的优势并不显著，同时优势领域的作用不强。相反，浙江省虽然仅在专利申请数和地区生产总值两项三级指标上具有领跑优势，但二级指标优势水平明显，均高于山东省二级指标得分，同时这两项指标的平均权重分别排名第1和第7位，在三级指标中重要性较强，这是使得浙江省在二级指标上的优势显著的原因。

3. 三梯队组内竞争激烈，后发潜力巨大

第三梯队中共包含25个省（区、市），是规模最大的分组，密集的得分分布表现出激烈的竞争态势。尽管如此，我们仍可以按照得分高低和组内省（区、市）总数将第三梯队进一步细分为高、中、低三类发展水平。其中，水平较高的是第7至15位的省（区、市），水平中等的是第16至25位的省（区、市），水平较低的是第26至31位的省（区、市）。各组的区间范围基本一致，同时在观测区间内各组间基本无省（区、市）排名流动，分类较为合理（具体细分及平均得分如表4－3所示）。

第三梯队的得分均值为22.72分，中位数为排名第19位的云南省，综合得分为20.08。可见，第三梯队服务业发展力综合水平呈右偏分布，整体表现相对弱势。

第三梯队发展较好的省（区、市），各三级指标总体表现较为平均，且与全国平均水平较为接近，16个指标中有12个指标的组内均值和全国均值的差值不超过正负20%，可以认为第三梯队中发展较好的省（区、市）可以较好地代表我国服务业发展的平均水平。

在16个三级指标中，所有第三梯队中发展水平最弱的省（区、市）在11个指标上均低于全国平均水平，且劣势明显。在服务业固定资产投资额占三次产业固定资产投资总额比例和工业化率两个指标中，6个省（区、市）仅有一个超过全国平均值，分别为海南省（超过全国平均水平147.79%）和青海省（超过全国平均水平10.90%）。在服务业增加值占GDP比重和服务业就业人口占总就业人口比重两个指标中，均有超过半数的省（区、市）高于全国平均水平。值得注意的是，在服务业增加值增长速度上，6省（区、市）均超过全国平均水平，增长最快的海南省指标增幅达到全国平均水平的126.97%，弱势省（区、市）加力发展服务业的趋势显著。

（二）基于板块差异的区域发展力综合水平分析

由于经贸联系、地理特征和政策环境等因素的影响，各省市的服务业发展呈现出一定的地域特征，反映为经济区域的内部一致性和外部差异性。因此，我们从经济区划的角度对31个省（区、市）发展综合指标数据进行进一步的分析。

在此，我们在国家统计局东中西部和东北地区四大经济板块划分的基础上，采用国务院发展研究中心《地区协调发展的战略和政策》提出的八大综合经济区域的区域划分。八大经济区的划分主要考虑了以下因素：空间上的毗邻性；自然资源和资源禀赋的结构相似性；经济发展水平相近；经济联系密切；社会结构相仿；区块规模适度；历史延续性和行政区划的完整性。基于八大经济区规模相近的特点，我们将经济区内各省市区的指标得分加总得到区域得分，可以较好地反映各经济区服务业发展总体情况。

国务院发展研究中心提出“十一五”期间内地划分八大综合经济区，分别为东北综合经济区（辽宁、吉林、黑龙江）、北部沿海综合经济区（北京、天津、河北、山东）、东部沿海综合经济区（上海、江苏、浙江）、南部沿海经济区（福建、广东、海南）、黄河中游综合经济区（陕西、山西、河南、内蒙古）、长江中游综合经济区（湖北、湖南、江西、安徽）、大西南综合经济区（云南、贵州、四川、重庆、广西）、大西北综合经济区（甘肃、青海、宁夏、西藏、新疆）。

1. 经济区域内部比较

经济区域内部的不同省（区、市）间存在着两种较为典型的发展模式——多头并进型和龙头拉动型。

多头并进型区域发展模式体现为区域内各省（区、市）服务业发展较为平均，各指标表现具有一致性。在八大综合经济区域中，东部沿海经济区、黄河中游经济区、长江中游经济区和大西北综合经济区属于多头并进型发展模型，区域内各省（区、市）均有领先的三级指标且各有千秋。其中最为典型的是长江中游经济区，区域内湖北省、湖南省、江西省和安徽省分别有6项、4项、1项和5项指标区域内排名第一，同时四省的服务业发展综合得分和区域内第一指标数排名同序，可见两者成正比，进一步可以认为优势指标在抵消了“量”对区域内排名的影响后，在“质”上的表现相对平均。

龙头拉动型区域发展模式体现为区域内存在服务业发展表现非常突出的省（区、市），具体表现为在三级指标上的多数领先优势。这类发展模式有东北经济区、北部沿海经济区、南部沿海经济区和大西南经济区。这四个经济区内领跑的分别为辽宁省、山东省、广东省和四川省，领先指标均占所有16个三级指标的半数以上。其中最为典型的是东北经济区，辽宁省在13个指标上保持领先，而吉林省和黑龙江省分别仅有1个和3个领先指标，差距较大。

2. 经济区域外部比较。从服务业发展力评价综合指标来看，位于平均值以上的经济区域从高到低依次为东部沿海经济区、北部沿海经济区、南部沿海经济区、大西南经济区和长江中游经济区，其中前两位优势明显，分别比第三位综合指标值高48.71%和43.09%。位于平均值以下的经济区域从高到低依次为黄河中游经济区、东北经济区和大西北经济区。从地理分布的角度可以看到，八大经济区的前三名均为沿海经济区。临海省（区、市）和经济区域服务业发展较好，服务业发展水平整体呈现东强西弱的格局。

从二级指标来看，各经济区的指标值和服务业综合发展水平整体上成正比。东部沿海经济区和北部沿海经济区在发展质量和发展潜力上优势显著。而大西南经济区在产业结构上得分超过东部沿海经济区和北部沿海经济区，位列第一。在三级指标上，专利申请数和城镇居民人均可支配收入指标区域间差异最大，同时领先省（区、市）的优势也最为明显。排名第一的东部沿海经济带在这两个指标上分别比平均水平高198.74%和148.32%（见图4-5）。

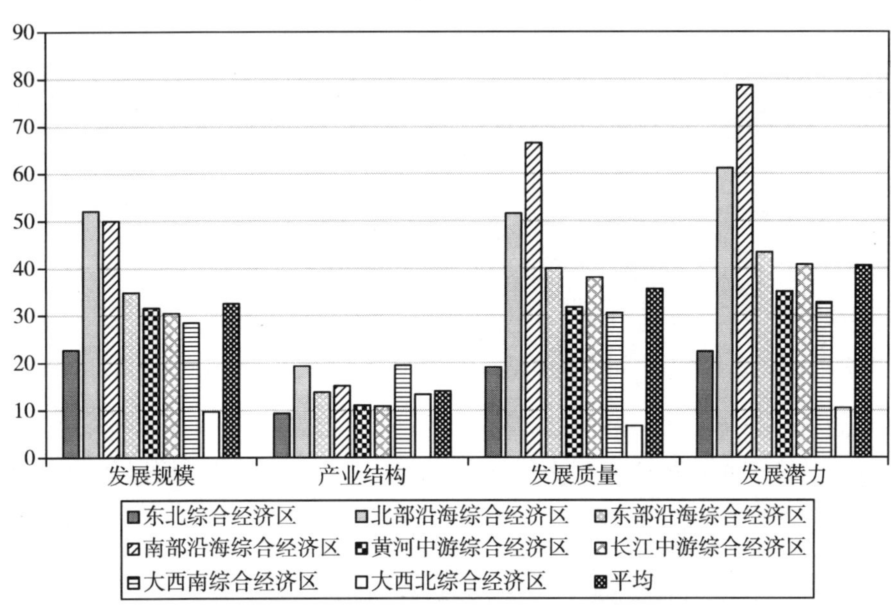

图4-5　经济区服务业二级指标对比图

二、基于时间序列数据的各省市服务业发展力建设水平分析

产业的发展既具有整体性和一贯性，也在各年度的发展中体现出其特殊性和差异性。这种随着时间的演变而展现出的变动客观上反映了各省（区、市）对服务业建设的投入能力和建设水平。因此在整体发展水平分析的基础上，本节将从各年度实际得分的角度出发，利用时间序列分析的思想，对各省（区、市）在样本期内发展力水平的变动特征和对比特征进行分析。本节的分析维度与服务业发展力综合水平分析保持一致。

（一）基于梯队差异的省域发展力建设水平分析

1. 第一梯队

广东省和江苏省作为第一梯队省份，长期以来，其发展趋势也各具特色。广东省在观察期初期的发展势头较足，得分在所有省（区、市）中排名第一，但是前五年存在一定的下降趋势，其发展力得分的年均下降率为 2. 27%，直到 2015 年，广东省的发展力水平以年均 8. 58% 的增长率迅速上升，并且保持了较高的增长趋势。相对而言，江苏省的发展力得分变化较为稳定，一直保持在 70 的水平，在 2012 年达到峰值 74. 58，在 2014 年达到谷值 68. 21，在 2015 年之后保持较为平缓的增长趋势（见表 4 –4）。

表 4 –4　　第一梯队省市各年度发展力水平得分表

	2010 年	2011 年	2012 年	2013 年	2014 年	2015 年	2016 年
江苏省	72. 73	71. 07	74. 58	68. 85	68. 21	70. 57	71. 65
广东省	75. 24	72. 39	70. 86	68. 46	68. 42	75. 32	80. 17

对两省进行比较可以看到，广东省总体上的发展趋势要比江苏省更为强劲，观察期的前两年，广东省的发展力得分均高于江苏省，只有在 2012 年和 2013 年江苏省赶超广东省，但在 2013 年，其发展优势已经不太明显，两者得分分别为 68. 85 和 68. 46，直至 2014 年广东省再一次追平江苏省，并在之后以年均 8. 58% 的高增长率远超江苏省。广东省近年的发展势头较足，在发展力得分上的优势明显。

2. 第二梯队

浙江省、北京市、山东省和上海市均处于我国服务业发展水平的第二梯队，在 7 年的观察期中，其发展变化趋势各具特色（见表 4 –5）。

表4－5　　第二梯队省（区、市）各年度发展力水平得分表

	2010年	2011年	2012年	2013年	2014年	2015年	2016年
北京市	53.28	50.08	51.27	50.76	53.59	58.87	57.21
上海市	47.06	43.92	42.69	43.60	48.10	49.16	48.80
浙江省	58.62	58.83	57.95	56.22	56.10	60.85	63.30
山东省	56.15	55.12	54.46	50.76	50.92	52.56	52.62

浙江省前五年的发展力得分较为稳定，一直维持在58左右的水平，一直到2015年出现明显的增长趋势，其增长率为6.42%。2016年浙江省的发展力得分达到了最高值63.29。

山东省前三年的发展力得分非常稳定，一直保持在54的水平，但是在2013年出现了明显的下降趋势，下降率达到6.80%。之后的三年，山东省的发展力得分没有发生明显的提升，2016年其得分为52.62，相比于同水平的其余三省市，服务业得分的增量稍显不足。

北京市在整个观察期中的变化幅度较大，虽然在2011年的发展力得分比前一年下降较多，但是2011—2015年该市的得分以4.39%的增长率稳健增长，达到峰值58.87。直到2016年，其得分有了一定的下降，到了57.21，但是仍然比初期的53.28上升很多。

上海市的发展力得分在整个观察期中先减小后增大，最后趋于稳定的状态。2010—2012年，该市得分以4.64%的下降率从初期的47.06下降到42.69；而后四年以5.05%的增长率回升，直到观察后期较为平稳，得分维持在49左右。

对这四个省（区、市）进行比较可以看出，在整个观察期内，浙江省的服务业发展力得分一直处于第二梯度的顶端，且具有积极的增长趋势。上海市的发展力得分则一直处于第二梯度的底端，虽然有一定的增幅，但是后期的增长趋势仍然较为平缓。山东省在观察期初期的得分一直位于北京市之上，但是两者之间的差值随时间的变化在不断地减小，2013年山东省被北京市反超，后期山东省的得分变化趋势平缓。北京市的得分增长趋势势头较足，后期的发展趋势较为乐观。

3. 第三梯队

隶属于第三梯队的各省（区、市）在整个观察期中的服务业发展力水平较为集中，变化趋势多样。为更好地进行趋势分析，将利用上述办法对第三梯队进行高、中、低三类城市的划分（见表4－6）。

表 4 –6　　第三梯队高水平省（区、市）各年度发展力水平得分表

	2010 年	2011 年	2012 年	2013 年	2014 年	2015 年	2016 年
天津市	32. 55	31. 58	32. 08	30. 98	32. 35	33. 59	34. 97
河北省	32. 29	30. 89	32. 01	29. 42	28. 01	30. 41	29. 72
辽宁省	37. 26	36. 09	37. 83	35. 83	34. 86	34. 39	29. 40
安徽省	31. 12	31. 37	32. 43	31. 38	34. 48	33. 47	36. 00
福建省	31. 69	32. 93	32. 58	31. 25	32. 78	36. 00	38. 00
河南省	33. 73	35. 50	35. 18	31. 33	36. 47	34. 61	35. 93
湖北省	29. 90	31. 73	30. 74	31. 41	31. 33	33. 16	33. 91
湖南省	29. 58	31. 24	30. 90	30. 62	30. 46	32. 07	33. 15
四川省	35. 51	35. 95	37. 28	35. 68	35. 10	37. 24	37. 57

服务业发展力得分水平较高的有四川省、辽宁省、河南省、福建省、安徽省、天津市、湖北省、湖南省、河北省这九个省份。其中，辽宁省在观察期初期的得分较为平稳，维持在 37 左右，但是从 2013 年开始以 3. 04% 的年均下降率呈现缓慢下降的趋势，并在 2016 年出现大滑坡，最终下降到 29. 40，并且保持较大的下降趋势。福建省的得分在观察期的前四年都处于比较平稳的状态，一直维持在 32 左右，但其后期的增长势头足，从 2014 年开始得分逐年增长，最终以年均增长率 7. 19% 迅速上升至 38. 00，且始终保持较高的增长趋势。河南省得分在整个观察期中的波动变化较为明显，呈现出多次不同程度的上升和下降。初期河南省得分有一定的上升，但从 2012 年开始出现小幅度的下降，直到 2013 年出现大幅度滑坡，其得分达到最低值 31. 33，下一年以年均增长率 16. 43% 迅速回升至峰值 35. 93。后期虽然有一定的波动，但其得分仍然维持在 35 左右。河北省的得分波动也同样较为明显，其初期得分较为平稳，大致维持在 32 左右，但 2013 年出现大幅度的下降趋势，直到 2014 年达到谷值 28. 01，后期虽然有一定的回升，但是最终得分 29. 72 仍然低于最初得分 32. 29。在整个观察期内，河北省的整体走势较为低迷。

在这 9 个省（区、市）中，除辽宁省和河北省的得分呈现下降趋势，其余 7 省（区、市）得分均呈现一定程度的上升趋势，其中上升趋势最为强劲的为福建省，从最初得分排名 12 迅速上升，2016 年以较小的优势赶超，排名上升至第 7。在观察期前四年得分中排名始终稳居第 7 的辽宁省却一再走低，最终得分下降到这九个省份的最后一名。四川省在这几年中的得分排名一直稳居第 8，只有在2015年力压其余八省成为第7名，而且四川省得分的整体走势在这九个省中最为平稳。天津市、湖北省和湖南省，在观察期内的变化均较为稳健，最终的增长趋势大致趋同。

服务业发展力得分水平中等的省（区、市）具体有重庆市、陕西省、内蒙古自治区、云南省、江西省、山西省、黑龙江省、广西壮族自治区、吉林省、贵州省。

表4－7　　第三梯队中水平省（区、市）各年度发展力水平得分表

	2010年	2011年	2012年	2013年	2014年	2015年	2016年
山西省	21.65	20.39	21.74	19.68	18.86	19.66	17.73
内蒙古自治区	24.75	24.48	25.31	22.86	23.55	24.93	25.39
吉林省	17.19	16.85	18.14	16.11	14.52	15.55	15.65
黑龙江省	21.58	20.06	20.94	19.05	18.74	18.20	17.04
江西省	18.82	21.61	19.96	18.32	19.38	21.10	21.37
广西壮族自治区	17.85	19.49	17.97	18.15	16.77	17.86	19.11
重庆市	23.73	27.05	26.23	27.88	24.35	26.27	25.48
贵州省	11.82	16.45	13.95	14.68	14.59	17.49	17.67
云南省	17.49	23.65	18.39	20.12	19.03	20.22	21.68
陕西省	23.93	25.52	23.43	23.58	24.47	25.36	25.63

其中，重庆市的得分波动较为明显，在观察期的前四年内该省得分一直处于波动上升的阶段，年均增长率为5.83%，并在2013年到达峰值27.88，但是2014年该省得分出现大滑坡，下降到24.35，后期有一定的回升，但回升力度不大，最终得分仍为25.48。同样存在明显波动的是云南省，该省得分在观察期初期有极大的起伏波动，从2010年到2011年，该省得分年均增长率达到35.19%，并于2011年达到峰值23.65，但次年又以22.23%的下降率下降到18.39。在观察期的后期，云南省的得分逐年上升，并且始终保持稳健的增长趋势。吉林省与黑龙江省的得分变化趋势较为相似，在整个观察期内的变化较为均匀，始终处于缓慢下降的趋势，其中黑龙江省以3.51%的年均下降率缓慢下降至17.04，而吉林省以1.49%的年均下降率缓慢下降至15.65。贵州省的得分从总体上看呈现较快增长趋势，在观察期内只有2012年出现一定的下滑，其余各年均迅速增长，其年均增长率为8.25%，其中增长率最高的一年达到39.17%。在这七年中，贵州省赶超了四个省（区、市），且目前仍然保持着较高的增长趋势。

这十个省（区、市）也有较为明显的区分度，重庆市、内蒙古自治区和陕西省的发展力得分明显高于其余省（区、市），而这三个省（区、市）中重庆市的变化浮动最大，连续五年都高于或持平于其余两省（区、市），而陕西省和内蒙古自治区则不相上下，变化浮动较为相似。在观察期前期，重庆市得分只有在2011年赶超过内蒙古自治区，但从2013年开始，陕西省始终以稍许的优势领先内蒙古自治区。其余7省的得分分布较为紧密，变化幅度除云南省之外都较为平缓，其中山西省、黑龙江省和吉林省均呈现出一定的下降趋势，其余各省市区则呈现不同程度的上升趋势。

表4-8　　第三梯队低水平省（区、市）各年度发展力水平得分表

	2010年	2011年	2012年	2013年	2014年	2015年	2016年
海南省	13.41	16.23	13.76	16.27	14.87	15.02	15.21
西藏自治区	5.66	7.28	6.11	6.36	5.48	7.33	6.30
甘肃省	8.58	13.57	9.31	10.56	8.32	9.40	11.29
青海省	9.24	9.34	9.62	11.40	9.32	10.40	10.50
宁夏回族自治区	11.01	13.35	10.80	10.25	8.97	9.23	10.04
新疆维吾尔自治区	11.92	15.85	13.60	16.25	12.66	13.33	11.28

服务业发展力得分水平较低的省（区、市）具体有海南省、新疆维吾尔自治区、宁夏回族自治区、甘肃省、青海省、西藏自治区。其中，新疆维吾尔自治区的得分在整个观察期中波动频率高，波动幅度较大，但波动幅度在逐年减小，初期即2010年该地区得分11.92为7年的谷值，在2013年达到峰值16.25。从总体的变化趋势来看，新疆维吾尔自治区的得分在逐步走低，下降趋势较为明显。甘肃省的波动也较为明显，特别是观察初期，2010年至2011年的增长率达到58.27%，并在2011年达到峰值13.57，但下一年出现大滑坡，下降率达到31.38%，后几年的得分并没有显著变化且呈现一定的下降趋势，2014年达到谷值8.32。2014年之后，甘肃省的得分再一次上升，2016年达到了11.29。海南省、青海省和西藏自治区的总体变化趋势则较为相近，三省区在观察期内的得分均较为稳定，且呈现出一定的增长趋势。

这六个省（区、市）之间的梯度差别也较为明显，虽然新疆维吾尔自治区呈现出较大的下降趋势，其得分仍始终显著高于其余四省。宁夏回族自治区、甘肃省和青海省的得分曲线则较为紧密，到观察期后期，三省、区的得分不相上下。西藏自治区的得分则显著低于其余各省（区、市），没有任何赶超的迹象。

（二）基于板块差异的区域发展力建设水平分析

由上文可知，我国的八大综合经济区域分别为东北综合经济区、北部沿海综合经济区、东部沿海综合经济区、南部沿海综合经济区、黄河中游综合经济区、长江中游综合经济区、大西南综合经济区和大西北综合经济区，对上述八大综合经济区进行观察可知，各大经济区服务业的发展力得分有较为明显的区别。各经济区服务业发展力得分如图 4－6 所示。

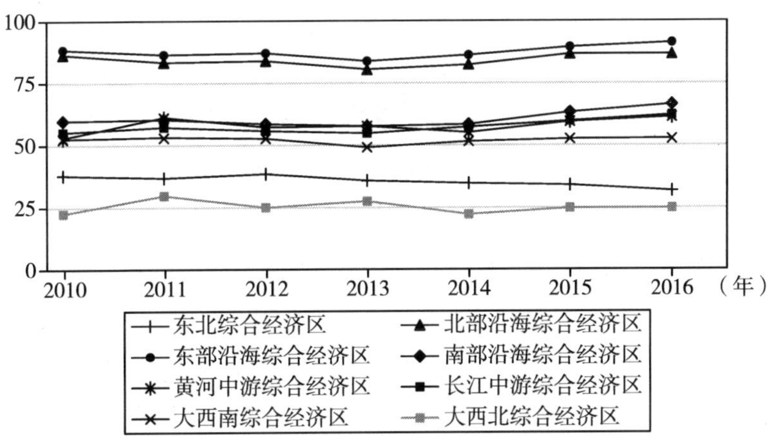

图 4－6　2010—2016 八大综合经济区服务业发展力得分图

其中，东部沿海综合经济区和北部沿海综合经济区的得分远高于其他综合经济区，且在整个观察期中，此两大综合经济区的变化趋势相似，都较为平稳，东部沿海综合经济区始终以稍许的优势高于北部沿海综合经济区。而南部沿海综合经济区、大西南综合经济区、长江中游综合经济区和黄河中游综合经济区的得分较为紧密，相互之间的竞争较为激烈，特别是大西南综合经济区在整个观察期中的波动较为明显，特别在 2011 年增长率达到 15.22%，后几年出现一定程度的下降，但是自 2015 年开始再一次呈现快速的增长。南部沿海综合经济区和长江中游综合经济区的得分趋势较为相似，初期较为平稳，在 2015 年同样实现了较快的增长。黄河中游综合经济区的得分趋势虽然非常平稳，但是始终低于前三大综合经济区，增长趋势也相对不明显。东北综合经济区和大西北综合经济区的得分明显低于其他综合经济区，其中东北综合经济区虽然高于大西北综合经济区，但是从总体趋势上看，其得分在以较小的速度不断地下降，而大西北综合经济区的趋势存在波动，但是总体上呈现出一定的增长趋势。

第五章　发展力影响因素分析

从第四章可以明显发现，31 个省市区的服务业发展力水平无论从截面数据角度还是从时间序列角度都各具特点，尤其是进行区域分析时，依据地域位置进行划分的八大综合经济区的服务业发展力水平的分层情况尤为显著，以东部、北部沿海综合经济区为首，由东向西发展力水平逐步递减，具有明显的地域特性。

经济增长的地域特性一直许多学者所关注的热点，其中产业集聚效应是最为典型的经济地域特征之一。产业集聚效应是指在某一特定领域内在地理位置上集中且产业配套的企业、公司或机构的聚合，其本质是相互配套、交流、竞争与合作，表现为地理上的聚集现象。产业集聚具有外部规模经济、创新效益和竞争效益等特征，能够在竞争与合作中获得共同优势。

从新古典经济学中马歇尔的外部经济理论到后来的新经济地理学，许多学者都对产业的集聚效应提出了自己的观点和理论模型。但已有的研究成果多集中于工业特别是制造业领域，而对服务业的研究相对较少。随着我国经济结构的转型，服务业已成为我国经济发展的主要动力。据国家统计局数据显示，2017 年，我国服务业增加值 427032 亿元，占 GDP 51.6%，超过第二产业 11.1 个百分点，成为我国第一大产业。从增加值增速的角度来看，服务业增加值增速高于全国 GDP 1.1 个百分点，对经济增长贡献率为 58.8%，连续五年增速高于第二产业，领跑国民经济增长。通过实施创新驱动发展战略，现代化服务业对经济增长的引领作用不断增强。而随着服务业的快速发展，产业集聚现象也从工业领域逐步扩散到服务业领域，并由此带来了服务业发展的地域特征。

在此背景下，各地区间服务业发展联系更加紧密并有着潜在的空间影响。这种空间影响是否显著？各地区间服务业发展水平是否存在协调增长和收敛的情况？本章基于第二章对各省（区、市）服务业发展力的综合评价，引入空间计量模型，对我国 30 个省（区、市）的服务业发展力影响因素进行探索。首先结合实际情况和已有研究寻找影响服务业发展的外生变量，然后在只考虑各个地区内部影响因素的基础上加入空间因素，从邻接省（区、市）和反距离空间效应的角度定义空间权重矩阵，结合经济理论建立服务业发展力的空间自回归模型，利用数据测算空间因素对服务业发展力的影响。结果表明空间影响存在，各省（区、市）服务业发展力存在区域性和空间扩散现象。从而实现对影响服务业区域协同发展关键因素的定量测度，为区域服务业经济的发展提出合理建议。

第一节 变量说明

一、变量解释及数据来源

（一）被解释变量——服务业发展力综合评价指标

本章采用第二章建立的服务业发展力综合评价指标体系，从服务业发展规模、产业结构、发展质量和发展潜力四个方面的16个变量出发，运用熵权法根据我国30个省（区、市）2010—2016年的实际数据测算了每个省（区、市）的各年份发展力得分，作为本章的被解释变量。

（二）解释变量——发展力影响因素分析选取

根据本书的研究目的并借鉴已有研究成果的经验，本书建立了发展力影响因素分析指标体系，包括9个方面的控制变量：经济发展水平、工业发展水平、政府财政水平、税负水平、城镇化水平、经济开放度、人力资本存量、科技投入水平、人口老龄化。每个变量所选取的指标、选取的意义、计算公式及数据来源说明如下。

1. 经济发展水平

经济发展水平是地区服务业发展的重要基础。服务业能够创造较高的经济效率，在生产过程中具有更高的增值价值。从理论上讲，经济越发达的地方倾向于服务导向型经济的可能性越大。本章采用地区人均GDP来衡量地区发展水平，计算公式为：人均GDP = 平减后GDP/地区总人口。GDP数据来源于2011—

2017 年《中国统计年鉴》，并使用 2010 年物价指数进行平减。

2. 工业发展水平

对于工业和服务业的关系，理论界提出了“需求论”“供给论”“互动论”“融合论”四种观点，这四种观点并不矛盾，分别揭示了服务业与工业在不同发展阶段的互动关系（刘勇，2013）。由此可见，工业发展水平能够反映服务业发展水平，具有协同的正向影响。本章采用第二产业增加值占 GDP 的比重反映工业发展水平，数据来源于 2011—2017 年《中国统计年鉴》。

3. 政府财政水平

现有文献表明，财政支出对服务业发展具有正向作用（陈立泰，2012）。财政政策是调整产业结构的重要工具，对服务业的财政投入能够进一步挖掘服务业增长潜力，加速产业转移，促进服务业的集聚和发展。本章通过财政支出占 GDP 比重来度量政府财政水平，数据来源于 2011—2017 年《中国财政年鉴》。

4. 税负水平

2011 年，财政部、国家税务总局下发营业税改增值税试点方案并逐步推开，标志着我国税收政策的进一步完善。减少重复征税，有利于企业降低税负水平。现代服务业是“营改增”的主要涉及领域，理论上来讲税负水平的降低有利于服务业的再投资，促进服务业的进一步发展。对于赋税水平，本书采用税收收入占财政收入的比重来衡量，数据来源于 2011—2017 年《中国财政年鉴》。

5. 城镇化水平

城镇化是我国经济发展的重要引擎，城镇化水平的推进给服务业带来大量的就业人口和消费人群，但也要看到劳动密集型服务业与技术密集型服务业对城镇化水平响应程度的差异。总体而言，城镇化与服务业发展关系紧密，两者息息相关。我们采用城镇人口与农村人口的比值来反映各省市城镇化水平，数据来源于 2011—2017 年《中国统计年鉴》。

6. 经济开放度

服务贸易水平是反映服务业发展程度的重要指标，也是一国贸易的重要组成部分。而服务贸易的发展与经济开放程度密切相关。经济开放度有两层内涵：一是本国经济进入世界的方式、程度和代价；二是允许别国经济渗透本国经济的方式和程度。在此，我们采用地区进出口总额占 GDP 比重指标来衡量经济开放度，数据来源于 2011—2017 年《中国统计年鉴》。

7. 人力资本存量

文献表明，近年来人力资本作为重要的生产要素具有向服务业较多聚集的趋势（王鑫，2016）。人力资本存量的提高伴随着人力资本向服务业的流动，同时可以带来物质资本的流入，进一步促进服务业的发展。本章采用城镇人口就业率来衡量人力资本存量，数据来源于2011—2017年《中国统计年鉴》。

8. 科技投入水平

根据各生产要素的占比，服务业可以分为劳动密集型服务业、资本密集型服务业和知识密集型服务业。随着经济发展水平的逐步提高，我国服务业发展逐渐由劳动密集型服务业转向资本密集型服务业和知识密集型服务业。其中，知识密集型服务业（Knowledge - intensive Business Service，KIBS）是指为知识的生产、储备、使用和扩散服务的行业，具有高技术含量高、创新能力强、附加值高等特征，主要包括信息服务业、研发服务业、法律服务、金融服务、市场服务、技术性服务、管理咨询业和劳动就业服务。较高的科技投入水平是知识经济发展的基础，也是知识密集型服务业发展的动力。本章采用科研投入和科研人数之比来衡量科技投入水平，数据来源于2011—2017年《中科技统计年鉴》。

9. 人口老龄化

人口老龄化对服务业的发展具有综合作用，后文将进一步探究人口老龄化对服务业发展的影响方向和大小。从服务业生产角度而言，人口老龄化带来劳动力状况的改变，影响服务业供给和产业结构；从消费需求角度而言，老年人口对于服务业有更高的消费需求，对服务业发展起拉动作用。本书采用65岁以上人口占调研人口比重衡量人口老龄化程度，数据来源于2011—2017年《中国人口统计年鉴》。

二、模型设定

本章的目标是考察空间因素对各省（区、市）服务业综合发展力的影响程度。根据上文所述确定影响服务业发展力的外生解释变量，建立包含空间效应的服务业发展力回归模型。

在这里，我们假定建立的外生变量族不存在空间相关性，而各省（区、市）服务业综合发展力水平具有空间相关性，即受其他省（区、市）服务业发展力水平的影响。因此，在前文所介绍的10类空间计量模型中，我们选取混合的空间计量模型（SARMA）进行进一步的实证研究，模型形式如下：

$$sid = \rho W_1 sid + X\beta + \mu, \mu = \varepsilon + \lambda W_2 \varepsilon \quad \varepsilon \sim N(0, \sigma_\varepsilon^2 I_n)$$

其中，n 是样本中所考察的省（区、市）数量；sid 为各省（区、市）服务业综合发展力得分，是因变量的 n 维向量；X 是 $n \times k$ 维的解释变量矩阵，其中 k 是入选的外生变量个数；W_1 和 W_2 都是 $n \times n$ 维的空间权重矩阵，分别作用于因变量和模型残差；β 是 $k \times 1$ 维的解释变量参数向量；ρ 是空间自回归系数；μ 和 ε 分别是自回归方程的截距项和随机误差项；I_n 是 n 阶单位矩阵。空间自回归模型仅在被解释变量中存在空间相关性。

三、空间权重矩阵选取

通过上文对于空间权重矩阵选取的理论介绍，现有的矩阵有空间邻接权重矩阵、反距离权重矩阵、经济权重矩阵和嵌套权重矩阵四大类。

空间邻接权重矩阵假定空间截面间只要有长度存在的共同边界，就存在空间交互作用，有共同边界的用 1 表示，否则用 0 表示。邻接矩阵在构建中简单易处理，但也存在空间效应信息利用过少的缺点。对于相邻的单元空间效应均取 1，不相邻的均不存在空间效应，这显然是不符合客观事实的。

反距离矩阵假定距离和空间效应具有反相关关系，从而确定各空间单元间的空间效应。然而在本书的研究中空间单元是我国各省级行政单位，是具有面积的二维单位，难以对各省（区、市）间距离进行定义。对于此类问题，常见的方法是将省会城市定义为单元重心，采用省会城市间距离表示省份间空间截面距离。这种方法存在一定的不合理之处，省会城市并不能很好地代表一省服务业发展情况。以广东省为例，若将第三产业视为广义的服务业，2016 年广东省第三产业地区生产总值为 41446. 01 亿元，广州市第三产业生产总值为 13445. 26 亿元，占全省 32. 44%。2016 年山东省第三产业地区生产总值为 31669. 0 亿元，济南市第三产业生产总值为 3849. 9 亿元，占全省 12. 16%。由此可见，省会城市在全省服务业生产中占比仍不高，且省际差异大。

经济权重矩阵考量了空间单元的经济属性，经济指标相对差异越小，空间效应强度越大。但是各省（区、市）经济联系复杂，经济变量差异较大时展现的空间效应强弱并不能很好地反映服务业联系的紧密程度。在同样存在较强空间效应的情况下，两个经济禀赋不同的省（区、市）可能通过横向产业分工而导致经济属性的趋同，也可能通过纵向产业分工导致经济属性的差异越来越大。从这个角度而言，经济权重矩阵并不是最为适用的度量方法。

嵌套权重矩阵是同时考量距离因素与经济因素对空间效应的影响，以刻画空间效应的复杂关联。嵌套权重矩阵可以更合理地描述空间效应，但同样不能解决上述反距离权重矩阵空间单元重心选取的问题。

综合分析各类空间权重矩阵设计方法的优缺点和本章研究侧重点，对于各省（区、市）发展力影响因素问题，本章在空间邻接权重矩阵的基础上，结合反距离权重矩阵中空间效应与单元距离成反比的假定，计算各省（区、市）空间效应。具体而言，首先采用前文介绍的 ROOK 邻接规则计算邻接权重矩阵，将有共同边界的空间样本定义为邻接单元，当空间单元 i 和 j 有共同边界时，$W_{ij}=1$；当空间单元 i 和 j 无共同边界时，$W_{ij}=0$。然后对于非零的邻接单元加总后求倒数，得到的邻接单元形式为：

$$W_{ij}^{*}=\begin{cases}\dfrac{1}{\sum_{j=1}^{n} W_{ij}} & \text{空间单元 } i \text{ 和 } j \text{ 拥有共同边界} \\ 0 & \text{空间单元 } i \text{ 和 } j \text{ 无共同边界或 } i=j\end{cases}$$

这样得到的邻接单元能够反映出各省（区、市）的邻接关系，同时能够根据邻接省（区、市）的多少刻画空间效应的大小，定性与定量描述相结合。各省（区、市）邻接省（区、市）数量如表 5－1 所示。

表 5－1　　各省（区、市）邻接省（区、市）数量表

省（区、市）	邻接省（区、市）	省（区、市）	邻接省（区、市）	省（区、市）	邻接省（区、市）
北京市	2	安徽省	6	海南省	1
天津市	2	浙江省	6	重庆市	5
河北省	7	福建省	3	四川省	6
山西省	4	江西省	6	贵州省	5
内蒙古自治区	8	山东省	4	云南省	3
辽宁省	3	河南省	6	陕西省	8
吉林省	3	湖北省	6	甘肃省	6
黑龙江省	2	湖南省	6	青海省	3
上海市	2	广东省	5	宁夏回族自治区	3
江苏省	4	广西壮族自治区	4	新疆维吾尔自治区	2

四、模型估计

（一）空间相关性检验

经济变量的空间相关往往表现出空间集聚现象，为确保2010—2016年我国各省（区、市）服务业发展力水平的影响因素探究的有效性，我们需要对上述SARMA模型进行检验，首先应对各变量是否存在空间相关性进行检验。

莫兰指数是常用来进行空间相关性显著程度检验的方法，可利用R程序进行实现。莫兰指数的数值区间为［-1，1］，若检验结果中该指数值显著大于0，则表示各变量空间正相关性显著；若检验结果中该指数值显著小于0，则表示各变量空间负相关性显著；若检验结果中该指数值等于0，则表示各变量所构成的空间呈现随机性。

对2010—2016年我国各省（区、市）影响服务业发展力水平的因素进行莫兰指数计算及显著性检验，得到结果如表5-2所示。

表5-2　服务业发展力莫兰检验结果表

	2010年	2011年	2012年	2013年	2014年	2015年	2016年
莫兰指数	0.2328	0.2278	0.2374	0.2301	0.2775	0.2391	0.2436
P值	0.0138	0.0150	0.0124	0.0146	0.0054	0.0124	0.0109

据此做出2010—2016年我国各省（区、市）影响服务业发展力的因素的莫兰指数折线图（见图5-1）。

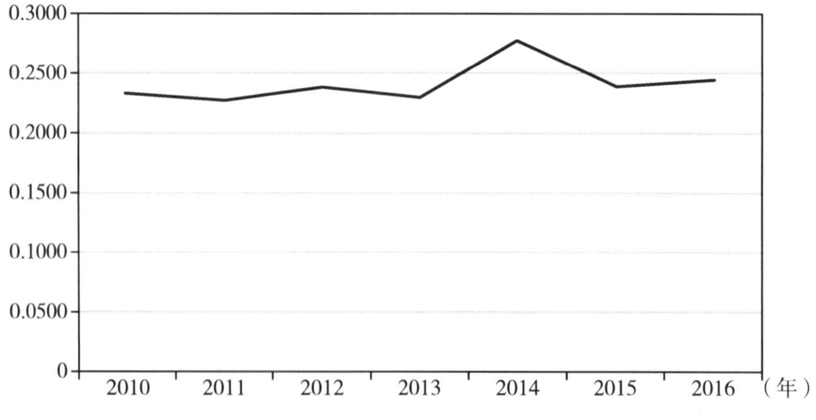

图5-1　2010—2016年莫兰指数折线图

通过检验可以得到，2010—2016 年的莫兰指数值均大于 0，相对应的 P 值均显著大于 0.01，莫兰检验结果显著。通过折线图可以观察到，除了 2014 年达到一个峰值，其余各年份的莫兰指数均在一个较为稳定的范围内波动。由此可知，我国各省（区、市）的服务业发展力的各影响变量存在空间正相关性，所以在模型中加入空间因素是正确的。

同时得到 2010—2016 年我国各省（区、市）影响服务业发展力的因素的莫兰散点图，以 2016 年为例，得到散点图如图 5－2 所示。

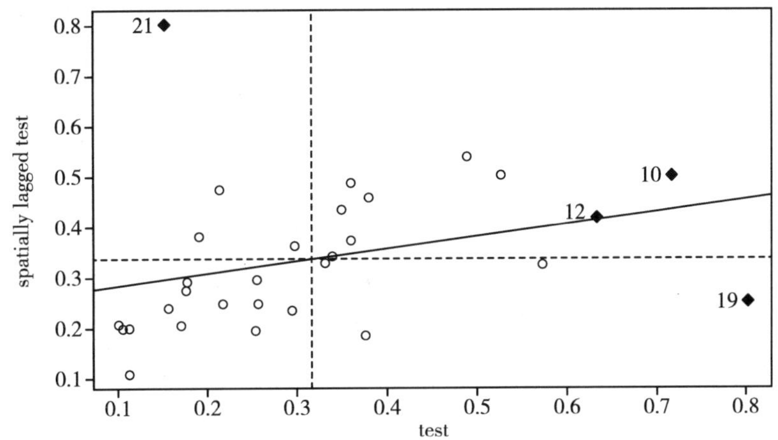

图 5－2　2016 年我国各省份影响服务业发展力莫兰散点图

莫兰散点图经常用来研究局部空间的不稳定性，其四个象限分别对应于区域单元与其邻居之间四种类型的局部空间联系形式：第一象限代表了高观测值的区域单元被高值的区域所包围的空间联系形式；第二象限代表了低观测值的区域单元被高值的区域所包围的空间联系形式；第三象限代表了低观测值的区域单元被低值的区域所包围的空间联系形式；第四象限代表了高观测值的区域单元被低值的区域所包围的空间联系形式。若数据点落在一三象限，则表示各变量之间呈现正相关性；若数据点落在二四象限，则表示各变量之间呈现负相关性，且数据点越接近于组对角线，其相对应的莫兰指数的 P 值越小，相关显著性越强。

利用 R 程序得到的 2010—2016 年的莫兰散点图没有明显差别。以 2016 年莫兰散点图为例，各散点明显分布在一三象限，只有少量点散落在二四象限，表明各点之间呈现显著的正相关性，即 2010—2016 年我国各省（区、市）影响服务业发展力的各变量因素呈现显著的正相关性，因此上文所建立的空间模型是合理的。

（二）模型显著性检验

莫兰检验反映了数据具有空间相关性，但不能以此判定模型的形式，无法对空间模型进行选择。为此，需对模型进行 LM 检验。LM 检验利用对模型的残差序列进行检验，以此判断模型的选择。此处将先后求出 4 种不同类型的 LM 统计量，并进行卡方检验。

1. LM－Lag 检验

检验不存在空间残差相关时，空间自回归效应是否显著，原假设为空间自回归效应不显著。

2. LM－Error 检验

检验不存在空间自回归时，空间残差自相关效应是否显著，原假设为模型残差不存在空间效应。

3. Robust LM－Lag 检验

稳健的 LM－Lag 检验，原假设与 LM－Lag 检验原假设一致。

4. Robust LM－Error 检验

稳健的 LM－Error 检验，原假设与 LM－Error 检验原假设一致。

根据上述步骤，首先需要建立各省（区、市）各年份的服务业发展力得分对各影响因素变量的线性回归。通过文献查询以及反复测试，选择各省（区、市）各年份的服务业发展力得分作为被解释变量；选择经济发展水平、工业发展水平、政府财政水平、税负水平、城镇化水平、经济开放度、人力资本存量、科技投入水平和人口老龄化作为解释变量建立回归模型，并利用 OLS 法进行参数估计，得到残差序列并对该序列进行 LM 检验。LML 检验和 LME 检验结果如表 5－3 所示。

表 5－3　LML 检验、LME 检验结果表

检验	LM 统计量	P 值	检验结果
LM－Lag 检验	15.404	8.681e－05	显著
LM－Error 检验	9.9031	0.00165	显著

由表 5－3 可知，LML 检验和 LME 检验均显著，因此为进一步判断模型的具体形式，需要对残差序列进行 Robust LM－Lag 检验和 Robust LM－Error 检验，检验结果如表 5－4 所示。

表 5 -4　　Robust LM - Lag、Robust LM - Error 检验结果

检验	LM 统计量	P 值	检验结果
Robust LM - Lag 检验	9. 4605	0. 002099	显著
Robust LM - Error 检验	3. 9597	4. 66E - 02	显著

由表 5 -4 可知，Robust LM - Lag 检验和 Robust LM - Error 检验均显著，都拒绝原假设，即表示所选模型需要同时包括空间误差项及空间滞后项，其中 SARMA 模型满足该要求。

由于所选模型中存在空间误差项，而误差项常受到空间相互作用，即表示相邻省（区、市）的误差冲击会对其他地区的经济行为产生影响，因此需要对所建立模型的条件均值进行 Hausman 检验，以判断个体效应与自变量之间是否存在相关性。

Hausman 检验原假设为条件均值显著为零，若接受原假设，则表示应采取随机效应模型；若拒绝原假设，即检验显著，则条件均值显著不为零，应该采用固定效应模型。对模型进行 Hausman 检验，检验结果如表 5 -5 所示。

表 5 -5　　Hausman 检验结果

检验	Chisq 统计量	P 值	检验结果
Hausman 检验	11. 303	0. 07944	不显著

从表 5 -5 可知，Hausman 检验不显著，即表示接受原假设，认为所建模型的空间误差项应该采用随机效应模型形式。

第二节　影响因素结果分析

一、空间相关性分析

根据上述莫兰指数检验结果，可以知道 2010—2016 年，我国各省（区、市）影响服务业发展力的各因素均表现出了显著的空间相关性，且各项变量对于同一区域内的溢出效应均表现为显著的正向，即各省（区、市）2010—2016 年的

服务业发展力水平对于同区域省（区、市）同类指标呈现显著的正向促进作用。

结果表明，2010—2016年，我国八大综合经济区各省（区、市）之间服务业发展力的相互影响一直呈现一个较为稳定的水平。与此同时，若一个经济区域内存在服务业发展力水平较高的省份，则该省份将会对同一经济区域内的邻近省（区、市）起正向带动作用，其中以东部沿海综合经济区和北部沿海综合经济区为主要代表。

以东部沿海综合经济区为例，经济区域内的江苏省、浙江省和上海市均处于服务业发展力指数的第一、二梯队，这三个省（市）各自的服务业发展力水平均处于较为领先的位置，而空间交互效应的显著证明该综合经济区形成了区域内较强的正向交互作用，各影响因素相互影响、相互促进，从而共同推动整个区域内的服务业发展力水平，进一步巩固了该经济区在服务业发展力的领先位置。

与此同时，南部沿海综合经济区内的广东省在各省（区、市）服务业发展力指数中位居第一，而海南省则处于各省（区、市）服务业发展力指数第三阶梯的下游。这两个省份发展力水平差距悬殊，但是区域内空间交互效应的显著则表明广东省对于海南省有较强的正向带动作用，通过各影响因素之间的相互作用，带动海南省服务业的发展力水平不断提升，进而推动整个经济区服务业的发展力水平的上升。

大西北综合经济区服务业的发展力水平处于八大综合经济区的底端，其内部省（区）为甘肃、青海、宁夏和新疆，均为服务业发展力较为薄弱的省（区），即使区域内的空间交互效应较为显著，但是其内部实力的不足使得相互之间的正向带动力不够，因此该综合经济区应该在未来几年共同发展，共同提升服务业的发展力水平。

综上所述，我国各大综合经济区内的空间交互作用显著且稳定，但是区域间的服务业发展力水平呈现较大的差别。为促进八大综合经济区的均衡发展，各影响因素之间的空间交互作用不应只局限在区域内部，我们应该更加关注各影响因素跨区域的空间交互作用，从而有效扩大省（区、市）间的正向作用幅度，提升区域间的合作关系。

二、模型估计结果

根据上述模型选择，最终应建立随机效应形式的SARMA模型，经过反复调试，筛去变量经济发展水平、城镇化水平和经济开放程度。参数估计结果如表5－6所示。

表5－6　　SARMA模型参数估计与检验表

SEM					
变量	估计值	SE	t	P	显著性
截距项	0.05943	0.03042	1.95350	0.05076	.
工业发展水平	－0.00303	0.00134	－2.26200	0.02370	*
政府财政水平	－0.00345	0.00164	－2.10010	0.03572	*
税负水平	－0.00334	0.00153	－2.18510	0.02888	*
人力资本存量	0.00099	0.00125	0.79290	0.42782	
科技投入水平	0.00272	0.00129	2.11470	0.03446	*
人口老龄化	－0.00040	0.00142	－0.28430	0.77620	
phi	135.29572	41.73788	3.24160	0.00119	**
rho	－0.70226	0.15316	－4.58520	0.00000	***
lambda	0.76227	0.06798	11.21400	<2.2e－16	***

根据参数估计结果，该回归模型整体显著。其中，显著的影响变量为工业发展水平、政府财政水平、税负水平和科技投入水平，这4个影响变量对于我国30个省（区、市）的服务业发展力水平具有显著的影响效果。在误差参数中，phi、rho和lambda检验均显著，与上文中LM检验结果相吻合，所以模型应该包括空间误差项及空间自回归项。

三、模型结果分析

根据模型结果，共有4个显著的影响变量和3个显著的误差参数变量，表明模型具有显著的空间相关性以及各影响变量对我国各省（区、市）服务业发展力得分有不同程度的影响。

其中，政府财政水平在所有显著影响变量中对服务业发展力得分产生了最直接的影响，其对应的参数估计值的绝对值在所有的显著变量中是最大的。该具体参数估计值为－0.00345，表明政府财政水平每增加一个单位，服务业发展力得分将平均减少0.345%。政府财政水平是指政府的财政支出占GDP的比重，而在所构建的模型中政府财政水平和服务业发展力得分是负相关的，表明政府财政支出占比越高，该省服务业发展力得分越低，由此可见，各省服务业发展力水平是市场导向型的，而不是政府导向型的。2010—2016 年，广东省和江苏省位列服务业发展力水平的第一梯队，浙江省、北京市、山东省和上海市紧跟其后，在这 6 个省（市）中可以明显地看到，这些省（市）的服务业市场发展较为成熟，第三产业相关的贸易较为自由与多样化，其中政府的财政干预较少，即政府财政水平相对较低。服务业发展力水平低下的新疆维吾尔自治区和宁夏回族自治区等省（区、市）的政府财政干预明显较多，且服务业市场发展较为滞后，服务种类单一，贸易流通性较差。因此政府财政水平对服务业发展力水平的负影响不容忽视。

税负水平对于服务业发展力水平的影响仅次于政府财政，该变量的影响程度是显而易见的，其具体的参数估计值为 -0.00334，表明税负水平每增加一个单位，服务业发展力得分将平均减少 0.334%。税负水平是指政府的税收收入占财政收入的比重，在所构建的模型中税负水平与服务业发展力得分是负相关的，表明各省政府的税负水平越高，则各省服务业的发展力水平越低，由此可见，过重的税收会减少服务业市场的货币流动性，削减人们对的收入预期，以致人们对于服务业相关的享受资料消费明显降低，从而该影响变量明显的抑制第三产业的发展。以服务业发展力水平最高的广东省为例，其税负水平相比我国大部分省（区、市）都较低，广东省的珠海市、汕头市等地在 2008 年即实施了新所得税法的区域优惠政策，使得企业有更多的流动资金在服务业方面进行投资，也使得消费者具备更高的消费能力。2010—2016 年，我国的第三产业在不断地发展，与此同时，政府也在不断推出各项税收优惠政策，可见适当的税负水平有助于促进服务业发展力水平的提升。

工业发展水平对服务业发展力得分也有重要的影响力，其具体的参数估计值为 -0.00303，表明工业发展水平每增加一个单位，服务业发展力得分将平均减少 0.303%。工业发展水平是指第二产业增加值占 GDP 的比重，和上述政府财政水平和税负水平类似，在所构建的模型中工业发展水平与服务业发展力得分是负相关的，表明各省（区、市）的工业发展水平越高，则各省（区、市）服务业的发展力水平越低，由此可见，第二产业和第三产业具有相反的发展趋势。近年来，第三产业对于我国国内生产总值（GDP）的贡献率越来越大。第一产业的发展趋于平稳，且其贡献率始终保持在一个较低的水平；第二产业是我国国内生产总值的主要贡献者，但是其发展潜力逐渐被第三产业所替代。因此在固有的GDP值下，我国的工业发展水平和服务业发展力水平始终呈现反向关系。以工业大省河北省和东三省为例，这些省份的服务业发展力得分始终处于第三阶梯的上中游，与其他省（区、市）之间的差距较为明显。由此可见，始终侧重于第二产业不是长久之计，不仅不利于该省（区、市）服务业的发展，也不利于我国国内生产总值的增长潜力，因此各省（区、市）要不断摸索出工业发展水平和服务业发展水平之间的平衡。

科技投入水平是所有显著的影响变量中唯一一个对服务业发展力得分产生正向影响的变量，其具体的参数估计值为0.00272，表明科技投入水平每增加一个单位，服务业发展力得分将平均增加0.272%。科技投入水平是指科研投入与科研人数之比，与上述变量相反，在所构建的模型中科技投入水平与服务业发展力得分是正相关的，表明各省（区、市）的科技投入水平越高，则各省（区、市）服务业的发展力水平越高。由此可见，科学技术的发展对于第三产业的各类发展具有推动作用。现代服务业是电子信息时代的产业总称，相对于传统服务业而言，具备高技术含量和高文化含量的特点，与传统服务业相比也具有增值链更长、附加值更高的特点。在信息时代下，高科技产业技术为现代服务业提供了发展沃土。

第六章　发展力时空演变分析

在上一章中，我们以服务业发展力评分模型为基础，建立服务业发展力的空间自回归模型，利用数据测算空间因素对服务业发展力的影响。

当前空间计量模型的实证研究中，很多国内的文献均是基于LM检验在空间自相关和空间误差模型中进行选择和分析，而LM检验确实存在局限性。同时，空间计量模型已极为丰富，我们有必要根据实际问题，在更广泛的空间计量模型中做出合理的选择。面板数据中，在横截面的基础上还加入了时间维度，而对于时间序列数据，一个重要的表现就是动态性。由于一般的经济变量的变化都是递进的，那么前期的状态就可能对后期有一定的影响，这样我们在建立理论模型的时候，就需要考虑到研究对象本身在前面时期的表现。对于我们所研究的空间计量理论模型，在遇到这种问题的时候，我们同样要在模型中加入研究对象前期的状态表现。因此，我们引入动态空间计量理论及模型，对我国省域服务业发展力的时空演变分析进行进一步探讨。

本章结合已有文献和实际情况，借助我国省域服务业发展力综合得分类型的传统马尔可夫状态转移概率矩阵，对我国省域服务业综合发展力水平的时间演变过程进行了分析；同时通过计算我国省域服务业发展水平的空间马尔可夫状态转移概率矩阵，直观地分析在某一地区服务业的发展中其周边省份所起的作用；另外，根据两个矩阵，我们可以分析不同服务业发展力水平的地区时空演变过程。结果表明，服务业发展水平难以在短时间内改变，但多呈现正向转移，且总体水平提升；服务业发展力水平存在空间效应；发展力水平不同的地区，其演变过程各有特点。

第一节 全国时空演变过程

一、传统马尔可夫转移概率矩阵分析

对我国省域服务业综合发展力水平的时间演变过程进行分析，需要借助传统马尔可夫状态转移概率矩阵。在马尔可夫状态转移概率矩阵中，位于第 i 行第 j 列的值表示研究对象从状态 i 向状态 j 转移的概率，其中对角线上元素表示研究状态不发生转移的概率，非对角线元素表示研究对象从一种状态转移到另一种状态的概率。从表6－1 可以分别看出2010—2013 年、2013—2016 年我国服务业综合发展力水平状态发生转移的概率特征，同时可以通过这两段时期概率矩阵的对比，探究综合发展力演变规律的变化。

表6－1　2010—2016 年我国省域服务业发展力综合得分类型的马尔可夫矩阵

t/(t+1)	n	2010—2013 年					n	2013—2016 年				
		1	2	3	4	5		1	2	3	4	5
1	12	0. 667	0. 333	0. 000	0. 000	0. 000	12	1. 000	0. 000	0. 000	0. 000	0. 000
2	22	0. 091	0. 773	0. 136	0. 000	0. 000	27	0. 037	0. 889	0. 074	0. 000	0. 000
3	41	0. 000	0. 122	0. 878	0. 000	0. 000	36	0. 000	0. 000	1. 000	0. 000	0. 000
4	8	0. 000	0. 000	0. 000	1. 000	0. 000	8	0. 000	0. 000	0. 000	0. 875	0. 125
5	10	0. 000	0. 000	0. 000	0. 100	0. 900	10	0. 000	0. 000	0. 000	0. 000	1. 000

（一）我国省域服务业发展多处于中水平阶段

从矩阵状态的转移起点和转移数量来看，2010—2013 年属于中水平地区的有41 个转移状态，2013—2016 年属于中水平地区的有36 个转移状态，就各年度30 个省（区、市）的总体占比而言，平均分别占到分年度总体的44. 09%和38. 7%。从各状态的横向对比来看，各省（区、市）的服务业发展整体而言呈右偏分布，处于较低水平的地区多多于中高水平地区和高水平地区。

而从纵向发展来看，对比2010—2013 年和2013—2016 年，服务业发展力处于低水平、中高水平和高水平的地区均没有发生变化。只有中低水平和中水平地区发生了较大的变化。

（二）我国省域服务业发展水平难以在短时间内改变

从矩阵状态的元素来看，可以发现每行占比最大的元素均为对角线元素。说明处在一定服务业发展力水平的省份在下一年份中有大概率保持原有水平。这一概率的最低水平是在2010—2013年的低水平地区状态下产生的，为0.667，另有0.333的概率由低水平地区向中低水平地区转移。这也可以说明在21世纪初期，服务业发展处于低水平的地区有较好的机遇能够实现服务业发展力的进一步提升。

此外，在2010—2013年、2013—2016年两个周期内，分别有1个、3个状态的地区保持原水平的概率为1。其中，2013—2016年完全保持原状态的水平为低水平地区、中水平地区和高水平地区，且这些水平的地区在2010—2013年不发生状态转移的概率均不为1。可以认为，当地区服务业发展到这些状态时会出现“平台期”，服务业发展相对停滞。

（三）我国省域服务业发展水平很难发生跨越式发展

跨越式发展指地区服务业水平从一个状态一次转移到不与之相邻的状态。从表6-1可以看出，两个时期内没有出现一次发展水平的跨越式转变。所有的省域服务业发展状态的转移类型都只能是向上一级或下一级转移。例如处于中水平的省份只能向中低水平或中高水平发生转移，而很难快速跨越为高水平状态，也无法跌入低水平状态。

（四）我国省域服务业发展水平多呈现正向转移

在两个时期的五类状态中，共出现6个状态间的转移，其中有2个只发生了向更好水平的变化；有2个只发生了向更差水平的变化；有2个既发生了向上转移也发生了向下转移，这2个状态均是发生在中低水平地区上，且向中水平地区的转移次数大于向低水平地区的转移次数。

（五）我国省域服务业发展总体水平总体提升

对比2010—2013年和2013—2016年的马尔可夫转移矩阵，可以发现后者的整体发展情况得到了较好的改善。2010—2013年时期内，发生了普遍、严重的倒退式发展，除12个低水平地区中有1/3出现了向中低水平地区的正向转移、中高水平地区全部保持现有水平之外，各水平上的地区均出现了在下一年所处状态低于本年所处状态的现象，共计8次。而到了2013—2016年，这种现象发生的频率和总数均明显减少，仅在中低水平地区发生了一例向低水平的转移，占这一状态总数的3.7%。这也表明了近些年，我国服务业的发展整体上呈现较好的态势，全国及各省份的服务业发展政策较好地促进了产业增长和区域间的均衡发展。

二、空间马尔可夫状态转移概率矩阵分析

各个省份服务业发展并不是孤立存在的，服务业发展水平的提高也不仅仅是依靠省份内部的内生性因素，而是与周边地区相互联系、共同发展。通过我国省域服务业发展水平的空间马尔可夫状态转移概率矩阵，我们可以直观地分析在某一地区服务业的发展中，其周边省（区、市）所起的作用。

表6－2展示的是限制周围省（区、市）所处服务业发展水平的条件下，研究对象从一个状态向各状态转移的概率。从表6－2可以看出，空间因素对服务业发展存在着显著影响。总体而言，当某省（区、市）周边省（区、市）所处状态比自身状态更好时，该省向更好状态转移的概率将增加，向更差状态转移的概率将减小；当某省周边省（区、市）所处状态较自身更差，该省（区、市）向更好状态转移的概率将减小，而向更差状态转移的概率将增加。

表6－2　2010—2016年空间马尔可夫状态概率转移矩阵

空间滞后	t/(t+1)	n	2010—2013年					n	2013—2016年				
			1	2	3	4	5		1	2	3	4	5
1	1	1	0.000	1.000	0.000	0.000	0.000	0	0.000	0.000	0.000	0.000	0.000
	2	2	0.000	1.000	0.000	0.000	0.000	3	0.333	0.667	0.000	0.000	0.000
	3	0	0.000	0.000	0.000	0.000	0.000	0	0.000	0.000	0.000	0.000	0.000
	4	0	0.000	0.000	0.000	0.000	0.000	0	0.000	0.000	0.000	0.000	0.000
	5	0	0.000	0.000	0.000	0.000	0.000	0	0.000	0.000	0.000	0.000	0.000
2	1	7	0.714	0.286	0.000	0.000	0.000	9	1.000	0.000	0.000	0.000	0.000
	2	4	0.500	0.500	0.000	0.000	0.000	3	0.000	1.000	0.000	0.000	0.000
	3	7	0.000	0.143	0.857	0.000	0.000	6	0.000	0.000	1.000	0.000	0.000
	4	0	0.000	0.000	0.000	0.000	0.000	0	0.000	0.000	0.000	0.000	0.000
	5	0	0.000	0.000	0.000	0.000	0.000	0	0.000	0.000	0.000	0.000	0.000

续表

空间滞后	t/(t+1)	n	2010—2013 年					n	2013—2016 年				
			1	2	3	4	5		1	2	3	4	5
3	1	4	0. 750	0. 250	0. 000	0. 000	0. 000	3	1. 000	0. 000	0. 000	0. 000	0. 000
	2	11	0. 000	0. 818	0. 182	0. 000	0. 000	15	0. 000	0. 933	0. 067	0. 000	0. 000
	3	21	0. 000	0. 143	0. 857	0. 000	0. 000	18	0. 000	0. 000	1. 000	0. 000	0. 000
	4	3	0. 000	0. 000	0. 000	1. 000	0. 000	2	0. 000	0. 000	0. 000	0. 500	0. 500
	5	3	0. 000	0. 000	0. 000	0. 000	1. 000	4	0. 000	0. 000	0. 000	0. 000	1. 000
4	1	0	0. 000	0. 000	0. 000	0. 000	0. 000	0	0. 000	0. 000	0. 000	0. 000	0. 000
	2	2	0. 000	0. 500	0. 500	0. 000	0. 000	3	0. 000	0. 667	0. 333	0. 000	0. 000
	3	10	0. 000	0. 000	0. 000	1. 000	0. 000	9	0. 000	0. 000	0. 000	1. 000	0. 000
	4	5	0. 000	0. 000	0. 000	0. 143	0. 857	6	0. 000	0. 000	0. 000	0. 000	1. 000
	5	7	0. 000	0. 000	0. 000	0. 000	0. 000	6	0. 000	0. 000	0. 000	0. 000	0. 000
5	1	0	0. 000	0. 000	0. 000	0. 000	0. 000	0	0. 000	1. 000	0. 000	0. 000	0. 000
	2	3	0. 000	1. 000	0. 000	0. 000	0. 000	3	0. 000	0. 000	0. 000	0. 000	0. 000
	3	0	0. 000	0. 000	0. 000	0. 000	0. 000	0	0. 000	0. 000	0. 000	0. 000	0. 000
	4	0	0. 000	0. 000	0. 000	0. 000	0. 000	0	0. 000	0. 000	0. 000	0. 000	0. 000
	5	0	0. 000	0. 000	0. 000	0. 000	0. 000	0	0. 000	0. 000	0. 000	0. 000	0. 000

（一）周围地区对省（区、市）服务业发展力水平的影响

表6－3统计了2010—2013年、2013—2016年两个时期内所发生的从一个状态转移到不同状态的次数，以及分别向更高水平和更低水平转移的次数。

表6－3　邻域省（区、市）不同发展力水平对转移方向的影响

邻域省（区、市）发展力水平	1	2	3	4	5
发生的转移总次数	3	5	8	6	0
水平下降	2	3	3	0	0
水平上升	1	2	5	6	0

可以发现，随着邻域省（区、市）发展力水平的不断上升，处在不同发展状态的省（区、市）向更高水平转移的概率也不断上升。此外可以发现，当邻域省（区、市）发展力水平从低到高变化时，发生的转移总次数从少到多再减

少，直至邻域省（区、市）发展力处于高水平时不再发生转移。当邻域省（区、市）发展力处于中水平时，更容易发生省（区、市）服务业发展力状态的转移。一方面，从各省（区、市）所处发展力状态来看，处于中水平的省（区、市）最多，省（区、市）间的交互效应能够得到放大和积累，从而更能促进服务业发展力水平的变化；另一方面，从中水平地区特点来看，这些省（区、市）普遍具有较强的发展潜力。结合马尔可夫矩阵可以发现，中水平地区本身就有较大的可能发生发展力状态的改变，同时又具有较积极的互助及合作意愿，因此在资源交互和产业合作上中水平地区往往能够起到很好的推动作用。

（二）不同发展力水平省（区、市）空间效应差异

从周围省（区、市）服务业发展力水平所处的不同状态出发进行横向比较，可以发现，处在不同发展状态的省（区、市）在总体上遵循上述规律的同时，又表现出了一定的差异性特质，相邻地区的发展状态对服务业发展水平处于不同状态的省份在发生状态转移过程中所起的作用各不相同。

1. 低水平省（区、市）的邻域效应不显著

对于处于低水平的省（区、市），由于其自身基础设施、人才储备等方面存在着较大的不足，所以周边省（区、市）对其影响没有较明显的效果。例如陕西省，周围的山西、河南、湖北、重庆和四川等省（区、市）的服务业发展力水平均处在中低水平或中水平，但是由于贵州省自身的地理阻隔，仍然无法得到较好的带动提升，2010—2016 年的服务业发展力均处于低水平范围，没有得到有效改善。

2. 中低水平省（区、市）更易受到更高水平地区的拉动作用

长期处于中低水平的省（区、市）包括吉林、江西、海南、贵州、云南等，这些省份在人口、产业基础、经济水平等方面都具有较为良好的表现，因而存在着很大的市场潜力。这些省份在周围发展更好省份的带动下更容易出现整体水平的提升，且更不易受发展水平较低省份的负面影响。当邻域省（区、市）的发展力处于中水平或中高水平时，处于中低水平的省（区、市）均发生了向更高水平的转移；当邻域省（区、市）的发展力处于低水平时，2013—2016 年的 3 次转移中有 0.333 的可能性向低水平演变。

3. 中水平省（区、市）更易跌入发展降级陷阱

中水平省（区、市）相比其他梯队省（区、市），在服务业发展的过程中所面临的阻力和危险更多，具有掉入中低水平省（区、市）的风险。当周围省

（区、市）服务业处于中低水平或中水平时，这样的可能性更大。在2010—2013年，共发生了4例发展降级，包括山西省、黑龙江省和江西省。从纵向对比来看，发展降级多集中在2010—2013年，2013—2016年中水平省（区、市）的表现更加稳定，未出现等级变动情况。这也从另一方面说明了随着时间的推移，各省（区、市）服务业发展的表现日趋稳定，服务业政策的稳定效果凸显。

4. 中高水平地区发展前景更加复杂

中高水平地区的代表是北京、上海和山东。这三个省（市）的表现从长期看较为稳定，但也出现了极少的发展水平的变化，可以认为是整体水平的变动，而不是常态波动。

北京的邻域省（市）——天津和河北均处于中水平，而北京在保持了5年的中高水平态势后，在2014—2015年迎来了向高水平的整体突破，并在下一年成功保持。北京作为华北地区的经济、政治、文化中心，在服务业发展中展现了资源集聚和整合的强大能力，并在逐步积累中完成突破。上海的邻域省份——江苏和浙江都是保持服务业发展高水平地区的代表，表现出色。江苏、浙江、上海三省市在观测期内都保持发展力水平不变，可以认为达到了相对稳定的状态，是一种良性发展、交互促进的典范。山东省的服务业发展力在2010—2011年由高水平降至中高水平并保持到2016年。其周边省份均在观测期内有着稳定的发展力表现。除江苏为高水平外，河北、河南和安徽均为中水平地区。山东省如果想在未来实现发展水平的突破，需要在服务业政策、省域合作及产业结构等方面实现深层次的改革。

总体而言，中高水平地区的服务业发展力表现相对稳定，周边地区服务业的稳定表现也一定程度上保证了这种状况。在保持现有水平的基础上，积极改革、力求实现结构性变革是实现向高水平迈进的突破点。

5. 高水平地区表现稳定，优势地位明显

服务业发展力处于高水平的地区具有明显的稳定性特征。除了上文分析的山东省以外，江苏、浙江、广东三省在2010—2016年均保持高水平，基本未受到邻近省（区、市）的影响。由此可见，一旦进入高水平阶段后，省（区、市）所表现出的内生发展动力将主导本省（区、市）服务业的进一步发展，而这些省（区、市）也会有更多的能力来对较薄弱省（区、市）进行输出和补充，在薄弱省（区、市）不断发展后，高水平地区将收获更大的发展力。

第二节　地方时空演变过程

一、传统马尔可夫转移概率矩阵分析

（一）低水平地区的演变过程

国内服务业发展力处于低水平的省（区、市）（如陕西省），2010—2013年，其保持原状态的概率为66.7%，这一概率在2013—2016年上升到了100%。对于该服务业发展力水平，近几年省（区、市）个数没有变化。总体而言，服务业发展力处于该水平的省（区、市），有较大的比例原地踏步，且该比例随时间的推移变化不明显。

（二）中低水平地区的演变过程

对于国内服务业发展力处于中低水平的吉林、江西、海南、贵州、云南等省份，2010—2013年，其保持原状态的概率为77.3%，而状态提升至中水平的概率为13.6%，这一概率甚至大于由中低水平转向低水平的概率，表明在此期间，中低水平地区的服务业发展力水平积淀更多，更容易产生进步的情况。而同时，2013—2016年，保持原状态的概率为88.9%，为7年中所有状态中的最高值，表明在此期间，有极大一部分处于该状态的省（区、市）会发生原地踏步的情况，其转移到中水平的概率为7.4%，转移到低水平的概率为3.7%，是一个非常可观的数字。综上而言，随着时间推移，服务业发展力处于中低状态的省（区、市）倾向于原地踏步。

（三）中水平地区的演变过程

服务业发展水平为中水平的地区数量在各时间段内均最高。2010—2013年，服务业发展力在中水平的省（区、市）达到了41个，占比44.1%，2013—2016年达到了36个，占比38.7%。对于国内服务业发展力处于中水平的山西省、黑龙江省和江西省等省份，大多会在对应时间段内处于原水平。两个时间段内，所处阶段得以提升的省（区、市）比例大于所处阶段下降的省（区、市）比例。

（四）中高水平地区的演变过程

对于国内服务业发展力处于中高水平的北京、上海和山东等省（市），2010—2013年，有93.3%的状态没有发生任何转移，该时间段的该状态为7年里最稳定的。在此期间，处于该水平的省（区、市）没有发生任何提升的转移，唯一的转移为下降的转移。2013—2016年，保持原状态的转移概率仅为72.2%，同时产生了4个下降的状态转移和1个上升进入高水平的状态转移。总体而言，服务业发展力水平处于该状态的省（区、市）较为稳定，但2013—2016年存在部分下降的情况。

（五）高水平地区的演变过程

国内服务业发展力处于高水平的江苏、浙江、广东等省（区、市），在任何一个时间段内均表现得较为稳定，2010—2013年，有90%的概率停留在高水平状态，仅有10%的概率转移到中高水平的状态，2013—2016年，有100%的概率停留在高水平状态。总体而言，高水平省（区、市）处于一个“严进严出”的状态。

二、空间马尔可夫状态转移概率矩阵分析

（一）低水平地区的演变过程

对于服务业发展力水平处于低水平的地区（如陕西省），其受周边省（区、市）影响较大。2010—2013年，当低水平省（区、市）的周边省（区、市）同样处于低水平时，其有100%的概率会从低水平转向高水平，而当周边省（区、市）处于中低水平，其停留在原状态的概率为71.4%。当服务业发展力水平处于低水平的省（区、市）周边是中水平地区时，空间带动效应发挥作用不大，状态处于中水平的省（区、市）仅有25%的概率带动低水平状态的省（区、市）进步为中低水平状态。同时，由于我国的服务业发展力水平存在空间上的集群效应，不存在低水平省（区、市）临近中高水平、高水平省（区、市）的情况。

2013—2016年，周边省（区、市）的空间带动作用并不显著。在此期间，当周边省（区、市）为中低水平状态时，低水平地区有100%概率维持原状；当低水平地区周边省（区、市）为中水平时，低水平地区同样有100%的概率维持原状，带动作用同样不显著。

总而言之，服务业发展力水平处于低水平的省（区、市），并不容易受到周

边省（区、市）的影响而提升其服务业发展力，周边的省（区、市）水平高低，对原地区的提升可能性影响不大。随时间的推移，带动效应没有显著增强的趋势。

（二）中低水平地区的演变过程

对于国内服务业发展力处于中低水平的吉林、江西、海南、贵州、云南等省份，其受周边省（区、市）影响比低水平更大。2010—2013 年，周边地区处于低水平状态时，有 100% 的概率原地踏步。而当周边（区、市）同样为中低水平时，其状态下降至低水平的概率为 50%，意味着有将近一半的中低水平地区在该情况下会下降为低水平，说明中低水平和中水平的省份间可能存在的是竞争关系；当其周边的（区、市）处于中水平时，仍有 18. 2% 的概率从中低水平提升至中水平；当周边的（区、市）处于中高水平时，马尔可夫空间状态转移矩阵中的数字则变为 50%，说明在此阶段，中高水平地区对于中低水平地区的带动作用极强；当中低水平地区的周边（区、市）处于高水平时，由于我国的服务业发展力水平的集群效应，符合该情况的省（区、市）数量较少，没有一例发生转移的情况。

2013—2016 年，服务业发展力水平处于中低水平的地区，其服务业发展受周边省（区、市）的空间效应影响同样明显。当周边省（区、市）处于低水平状态时，有 33. 3% 的概率受到周边省（区、市）的负面影响，从中低水平状态降低至低水平状态；当周边省（区、市）为同样的中低水平时，中低水平地区则有 100% 的概率原地踏步；当周边省（区、市）服务业发展力水平为中水平时，中低水平地区提升的转移概率为 6. 7%；当周边的省（区、市）处于中高水平时，中低水平地区有 33. 3% 的概率提升至中水平，同时有 66. 7% 的概率停留在原状态；不存在中低水平地区临近省（区、市）为高水平地区的情况。

总而言之，对于服务业发展力水平处于中低水平的地区，同样非常容易受到临近省（区、市）服务业发展力水平的影响。尤其是周边省份处于中水平或中高水平的状态时，其服务业发展力水平提升的概率较高。随着时间的推移，这种空间影响效应也在增长。

（三）中水平地区的演变过程

国内服务业发展力处于中水平的山西省、黑龙江省和江西省等省（区、市），其较少受到空间效应的影响，更多可能是水平处在原地踏步。即使周边省（区、市）处于中低水平，中水平地区的服务业发展力水平同样有 14. 3% 的概率降低至中低水平，有 85. 7% 的概率停留在中水平。当服务业发展力处于中水平的地区周边同样是中水平时，在多达 21 次的转移中，仍维持周边省（区、市）为中低水平的转移概率。只有在周边省（区、市）处于中高水平状态时，才存在 3 例从中水平提升至中高水平的转移。在该时间段内不存在服务业发展力为中水平的地区其临近省（区、市）为高水平的情况。

2013—2016 年，周边省（区、市）的带动效应大多表现为负向效应。在该时间段内不存在服务业发展力为中水平的地区其临近省（区、市）为低水平的情况；当周边省（区、市）处于中低水平或中水平时，则有 100% 的概率原地踏步；当周边省（区、市）处于中高水平时，才有 100% 的概率提升至中高水平；同时，在该时间段内不存在服务业发展力为中水平的地区其临近省（区、市）为高水平的情况。

总而言之，服务业发展力处于中水平的地区受到周边省（区、市）的服务业发展力水平影响较小，大多情况下保持在中水平。但在受到影响的情况下，大多为向中低水平的下降式转移。2010—2013 年，中水平地区共发生了 38 次转移，其中仅有 10 次转移为性质变化的转移；2013—2016 年，共发生了 33 次转移，仅有 9 次转移是性质变化的转移。可以说，服务业发展力处于中水平的省（区、市）较少受到空间效应的影响。

（四）中高水平地区的演变过程

对于国内服务业发展力水平处于中高水平的北京、上海和山东等省（市），大多省（区、市）本身的服务业发展力水平就较为稳定，但受到的周边空间效应影响也大多为负面影响。由于我国服务业发展力水平存在集群效应，2010—2013 年，服务业发展力水平处于中高水平的地区周边不存在低水平和中低地区；当周边省（区、市）为中水平时，中高水平地区的服务业发展力水平并没有受到空间效应的影响，3 次转移均转移回到了原状态；当周边省（区、市）同样为中高水平状态时，则有 85. 7% 的概率从中高水平提升到高水平，有 14. 3% 的概率停留在中高水平状态；同时，在此时间段内，不存在中高水平地区的临近省份是高水平的情况。

2013—2016 年，同样不存在服务业发展力处于中高水平的地区周边有低水平和中低水平地区的情况；在此期间内，当周边省（区、市）为中水平时，地区服务业发展力水平有 50% 的概率提升为高水平，同时 50% 的概率停留在中高水平；当周边省（区、市）同样为中高水平时，共有 6 次转移，全部为转移至高水平的情况；2013—2016 年，同样不存在服务业发展力处于中高水平的地区临近省（区、市）是高水平的情况。

总体而言，服务业发展力处于中高水平的地区本身较为稳定，其受到的空间效应影响较小。服务业发展力处于中高水平的地区，在过去的 7 年里大多停留在本身的水平区域，整体而言较为稳定，而空间效应导致部分临近更低水平地区的地区出现了服务业发展力水平下降的情况；由于各期间内不存在临近中高地区的高水平地区，故不存在高地区带动的提升型空间效应。

（五）高水平地区的演变过程

国内服务业发展力处于高水平的江苏、浙江、广东等省（区、市），2010—2013 年与 2013—2016 年两个时间段内的空间状态转移概率矩阵表现完全一致。在两个时间段内，由于我国服务业发展力水平的集群效应，高水平地区周边不存在低水平和中低水平地区；当周边省（区、市）处于中水平时，在两个时间段内，高水平地区均有 100% 的概率停留在高水平。

总体而言，在两个时间段内，服务业发展力处于高水平的地区均不容易受到空间效应的影响发生转移到非自身水平的区域。

第七章　竞争力水平测度

服务业竞争力是衡量服务业发展水平和区域优势的重要指标。不同于服务业发展力水平概念，竞争力更侧重于比较优势的建立。一国之内，省域服务业究竟处于什么样的发展水平？全球范围内，一国服务业在价值链中处于什么样的位置？服务业核心竞争力和竞争优势的建立已成为服务业综合水平发展之外又一被广泛关注的议题。

近年来，服务业发展中的区域性和竞争性问题已成为国内外学术界的热门话题之一。然而，国内外学者一般仅仅对服务业竞争力的国际竞争力进行了比较研究，或对具体某行业服务业竞争力进行研究。例如，Douglas G. Pearce（1997）对旅游业的可持续发展和竞争力进行了研究；Philip（1998）等人研究了欧盟保险业的竞争力；保罗（1999）和其他人研究了知识密集型服务业的国际竞争力。国内学者对服务业竞争力的研究较少，一般对某个省、市或地区进行研究。于干千、马子红等（2010）利用面板数据建立综合评估模型，研究西南地区服务业的竞争力；郑珍远、施生旭（2011）运用层次分析法构建服务业竞争力评价指标体系，进行综合评价等。王玉珏（2011）采用主成分分析法对31个省份的服务业竞争力进行比较研究；韩冬林（2013）采用因子分析对中国三大区域高技术服务业竞争力进行评价。

到目前为止，世界上还没有一个完整的通用的标准的服务业竞争力评价方法。服务业竞争力评价是一项复杂的系统工程，需要综合考虑多种因素及其相互关系。即使使用相同的指标，由于研究目的不同，也会导致不同的权重分布，甚至最终的评估结果也不尽相同。在仔细研究了以往的研究成果后，我们建立了自己的服务业竞争力评价指标体系，客观科学地评价服务业竞争力，探究服务业竞争力中可挖掘的深层关系。

本书初步建立了一套科学的服务业竞争力评价体系，主要包括评价指标选择，指标选择和权重确定的基本原则。在与中国国情紧密结合的基础上，结合现有的有关服务业评估指标体系的理论，我们将服务业竞争力评价体系分为规模竞争力、效益竞争力、结构竞争力、潜力竞争力、环境竞争力、创新竞争力、主要服务业竞争力这七大板块，并进一步确定对应这七大板块的具体二级指标，然后通过熵权法算出各二级指标所占权重。最后，我们明确了服务业竞争力评价研究的整体思路和框架。

第一节　指标选取

在充分考虑我国服务业发展现状以及国家相关政策的基础上，我们依据科学性、客观性、综合性、层次性以及可操作性等原则，从以下七个方面，由简入繁地构造我国服务业竞争力综合评价指标体系。

（一）规模竞争力

服务业规模反映了我国宏观经济及服务行业的总体发展情况，是评价服务业竞争力的基础性因素。归纳不同类型服务业的整体规模特征，可以更好地从服务业外部客观表现出发，探究服务业竞争力发展水平。

（1）服务业增加值。服务行业在一个周期内（一般以年计）比上个清算周期的增长值，正向指标，反映服务业总体水平。

（2）人均服务业增加值。服务行业在一个周期内（一般以年计）比上个清算周期的增长值与总人口的比值，正向指标。

（3）服务业固定资产投资额。服务业的固定资产投资一方面反映了当前产业结构情况，另一方面也体现了服务业的发展潜力。指标值越大则表示服务业的发展潜力越大，正向指标。

（4）服务业从业人数。就业于服务业的人口总数，反映了服务业发展水平和在居民就业中所起的重要作用，正向指标。

（5）服务业增加值增长率。服务业当年的增加值除以前一年增加值，该指标衡量了服务业的发展相对变化，能体现服务业的发展趋势以及发展潜力，正向指标。

（二）效益竞争力

效益竞争力体现了服务业的产业质量水平。作为一种以服务提供为基础的产业，服务业的核心竞争力在于服务质量和服务效率的提升。在供给侧结构性改革的背景下，坚持稳中求进的高质量发展是实现经济转型、推进质量效益提升的重要要求。为此，选取反映服务业效益竞争力的劳动产出和资本产出指标如下。

（1）劳均服务业增加值。第三产业增加值除以第三产业城镇单位就业人员和第三产业私营企业和个体就业人员的和，正向指标，反映了劳动力这一生产要素在生产过程中的效益水平。

（2）资本产出比。第三产业增加值除以第三产业固定资产投资额，反映了资本这一生产资料投入在服务业中的产出效益。

（3）劳动力占比。第三产业城镇单位就业人员、第三产业私营企业、个体就业人员的和除以城镇单位就业人员、私营企业、个体就业人员的和。

（三）结构竞争力

服务业占宏观经济的比重是反映国家经济结构和国际价值链分工的重要指标。随着国际经济进入服务经济时代，服务经济正成为世界经济的主导，美国、英国等发达国家的服务业在国民经济中的比重普遍在70%以上。提升我国服务业的结构竞争力是加快产业发展的重要举措。

（1）服务业占GDP比重，等于第三产业增加值除以地区生产总值。

（2）结构化虚拟指标，等于金融业和房地产业增加值除以第三产业增加值。

（四）潜力竞争力

服务业的发展与人的活动息息相关。一方面，服务业产出离不开以劳动、资本为主的生产资料的支撑；另一方面，服务业消费取决于居民物质资料、精神资料的客观需求。因此，从当下生产资料水平、消费水平等方面出发，构建潜力竞争力指标，衡量现代服务业在未来的发展前景。

（1）人口密度，单位土地面积上的人口数量。通常使用的计量单位有两种：人/平方公里、人/公顷。它是衡量一个国家或地区人口分布状况的重要指标。

（2）地区生产总值（GDP），表示我国整体或某一地区当前经济发展状况，它是全面反映当代服务业发展经济背景的指标。

（3）地区人均GDP，等于地区生产总值（GDP）除以地区常住人口，它表示地区GDP的人均值。生产总值反映的是经济发展的规模，而人均GDP则能反映出当前的经济效益。

（4）城镇化率。城镇化率是指一个地区城镇常住人口占该地区常住总人口的比例。城镇人口包括设区市的城市人口、镇区及镇政府所在地村委会（居委会）的人口、通过道路建筑物与镇区连接的村委会的人口。

（5）人均服务业投资，等于第三产业固定投资额除以年末常住人口。

（6）城镇居民可支配收入。城镇居民可支配收入是一个统计上的概念，它和城镇居民收入是有差别的，通俗地讲是指从城镇居民家庭总收入中扣除了缴纳给国家税收后余下的收入。

（7）城镇居民人均消费，指城镇居民人均的支出，是衡量居民消费支出的重要指标。

（五）环境竞争力

从服务业环境竞争力来看，服务业发展环境与政府财政政策、交通运输业、金融业具有较强的关联。投融资水平、基础设施建设水平越高，服务业发展环境越好。

（1）政府公共服务支出占比，等于地方财政一般公共服务支出除以地方财政支出。

（2）人均 FDI，等于外商直接投资除以年末常住人口。

（3）市场化水平，等于非集体或国有企业单位数除以企业法人单位数。

（4）每万人运输线路长度，等于运输线路长度除以年末常住人口。

（5）每百人互联网接入数，等于互联网宽带接入端口除以年末常住人口。

（6）人民币存款余额。人民币存款余额是指银行和其他金融机构在截止到某一时点的以人民币种存储金额的总和，包括储蓄和对公的活期存款、定期存款、存放同业及存放中央银行等的人民币存款之和。

（六）创新竞争力

创新能力是衡量服务业竞争力的重要指标。在现代服务业中，以知识密集度高为主要特征的高新技术服务业是不可忽视的重要组成部分。高新技术服务业主要包括金融业、信息与通信服务业、科技服务业、商务服务业等，这些产业的发展离不开科技投入和创新产出。因此，采用研发经费投入和研发成果数量反映服务业创新竞争力水平。

（1）R&D 占比，指的是全社会研发经费投入占 GDP 的比重。

（2）R&D 人员全时当量，等于一个 R&D 人员全时工作量，就是一个人全年的工作量，即 1 个人年，国际上比较科技人力投入的可比指标。

（3）专利申请授权数。专利是高新技术产业使服务业发展的未来，也是国家当前政策的重点，选用专利申请授权数可有效反映当前高新技术产业的发展状况。

（七）主要服务业竞争力

在对各类服务业竞争力共性指标研究的基础上，本书创新地落脚于服务业中的主要产业竞争力水平，点面结合、整体与局部结合，利用典型产业的发展来反映服务业整体竞争力水平。在此，结合产业发展的实际情况，选取交通运输仓储和邮政业、房地产业、金融业、批发零售业、住宿和餐饮业等五大产业作为服务业中的主要产业。

（1）交通运输仓储和邮政业，等于交通运输仓储和邮政业增加值除以交通运输仓储和邮政业从业人员。

（2）房地产业，等于房地产业增加值除以房地产业从业人员。

（3）金融业，等于金融业增加值除以金融业从业人员。

（4）批发零售业，等于批发零售业增加值除以批发零售业从业人员。

（5）住宿和餐饮业，等于住宿和餐饮业增加值除以住宿和餐饮业从业人员。

第二节　指标体系的构建

一、服务业竞争力综合评价结构

根据所选取的指标以及构建指标体系应当遵循的原则，可构建服务业竞争力综合评价指标体系（见表7－1）。

表7－1　　服务业综合竞争力指标表

Ⅰ	Ⅱ	Ⅲ
服务业竞争力综合评价指标体系	规模竞争力F1	服务业增加值C1
		人均服务业增加值C2
		服务业固定资产投资额C3
		服务业从业人数C4
		服务业增加值增长率C5

续表

Ⅰ	Ⅱ	Ⅲ
服务业竞争力综合评价指标体系	效益竞争力 F2	劳均服务业增加值 C6
		资本产出比 C7
		劳动力占比 C8
	结构竞争力 F3	服务业占 GDP 比重 C9
		结构化虚拟指标 C10
	潜力竞争力 F4	人口密度 C11
		地区生产总值（GDP） C12
		地区人均 GDP C13
		城镇化率 C14
		人均服务业投资 C15
		城镇居民可支配收入 C16
		城镇居民人均消费 C17
	环境竞争力 F5	政府公共服务支出占比 C18
		人均 FDI C19
		市场化水平 C20
		每万人运输线路长度 C21
		每百人互联网接入数 C22
		人民币存款余额 C23
	创新竞争力 F6	R&D 占比 C24
		R&D 人员全时当量 C25
		专利申请授权数 C26
	主要服务业竞争力 F7	交通运输仓储和邮政业 C27
		房地产业 C28
		金融业 C29
		批发零售业 C30
		住宿和餐饮业 C31

二、指标体系权重测度

（一）指标权重的测算

在三级指标的权重方面，结合数据的完整性和可比性条件，本章同样采取熵权法进行测算。根据熵的可加性原则，根据各级指标的逻辑对应关系，本章利用31项三级指标分别得到了规模竞争力、效益竞争力、结构竞争力、潜力竞争力、环境竞争力、创新竞争力和主要服务业竞争力7个部分，从而综合反映服务业综合竞争力水平。

（二）指标权重的分析

1. 三级指标权重分析

在各省服务业竞争力的分析中，我们选取了如服务业固定资产投资额、服务业从业人数等共30个指标，利用熵权法，对2010年至2016年每年的指标进行权重的确定，各年度各项三级指标权重如表7－2所示。

表7－2　　服务业综合竞争力三级指标权重表

三级指标	2016年	2015年	2014年	2013年	2012年	2011年	2010年
交通运输仓储和邮政业	1.89%	1.77%	2.03%	2.44%	2.14%	1.84%	1.92%
房地产业	1.81%	1.81%	1.93%	2.22%	3.54%	2.91%	2.10%
住宿和餐饮业	3.72%	3.69%	4.07%	3.85%	3.82%	3.84%	3.48%
批发零售业	3.60%	3.71%	4.19%	4.35%	4.32%	4.27%	3.60%
金融业	7.92%	8.03%	9.15%	6.71%	7.22%	6.29%	5.37%
劳动力占比	1.13%	1.16%	1.42%	1.41%	1.53%	1.46%	0.86%
资本产出比	3.62%	3.20%	4.24%	4.13%	3.92%	4.10%	2.35%
城镇居民人均消费	0.50%	0.54%	0.56%	0.60%	0.62%	0.65%	0.55%
城镇化率	0.38%	1.96%	2.14%	2.03%	1.99%	2.10%	1.83%
人均GDP	0.95%	2.36%	2.87%	2.62%	2.38%	2.29%	1.98%
城镇居民可支配收入	1.99%	1.75%	1.74%	1.69%	2.96%	3.01%	2.65%
GDP	2.19%	2.22%	2.45%	2.48%	2.45%	2.54%	2.17%
人口密度	4.18%	4.68%	5.29%	5.36%	5.22%	4.87%	22.27%
结构化虚拟指标	0.87%	0.86%	0.97%	1.00%	1.19%	1.31%	1.23%
服务业占GDP比重	2.40%	3.32%	3.16%	3.27%	2.55%	2.40%	1.47%
市场化水平	1.01%	1.61%	1.99%	1.26%	0.90%	1.02%	0.90%
政府公共服务支出占比	1.60%	1.61%	1.91%	1.99%	2.02%	2.18%	1.78%
每万人运输线路长度	2.41%	2.89%	3.17%	3.15%	3.10%	3.16%	2.59%
人民币存款余额	2.55%	13.76%	2.90%	3.00%	3.06%	3.39%	2.68%
人均FDI	5.90%	6.37%	5.27%	4.99%	4.77%	5.04%	4.50%
每百人互联网接入数	5.11%	5.12%	5.95%	6.22%	6.34%	6.24%	5.39%

续表

三级指标	2016 年	2015 年	2014 年	2013 年	2012 年	2011 年	2010 年
服务业增加值增长率	0. 28%	0. 54%	1. 47%	2. 45%	1. 48%	1. 43%	1. 10%
服务业固定资产投资额	1. 71%	1. 67%	1. 87%	1. 87%	1. 91%	1. 98%	1. 53%
服务业从业人数	1. 84%	1. 79%	1. 90%	1. 87%	1. 79%	1. 89%	1. 61%
人均服务业投资	0. 78%	1. 56%	2. 38%	2. 68%	2. 27%	3. 04%	1. 81%
服务业增加值	2. 28%	2. 34%	2. 63%	2. 67%	2. 65%	2. 75%	2. 33%
劳均服务业增加值	2. 72%	3. 11%	3. 16%	3. 07%	3. 23%	3. 43%	2. 39%
人均服务业增加值	1. 53%	4. 32%	5. 03%	5. 26%	5. 07%	5. 28%	4. 14%
R&D 人员全时当量	4. 33%	4. 49%	4. 91%	5. 10%	5. 17%	5. 02%	4. 86%
R&D 占比	23. 20%	1. 95%	2. 01%	2. 07%	2. 02%	2. 01%	1. 85%
专利申请授权数	5. 60%	5. 77%	7. 23%	8. 19%	8. 40%	8. 24%	6. 69%

在三级指标中，金融业、每百人互联网接入数、专利申请授权数三个指标在各年份中权重均较大，排名均稳定在前 6，三个指标在各年中均对该省服务业竞争力有着较大的影响；而城镇居民人均消费、结构化虚拟指标和劳动力占比三个指标在各年份中权重均较小，除去 2016 年外，排名均稳定在后 6 位，三个指标在各年中均对该省服务业竞争力影响较小。

从各指标权重的平均水平来看，金融业在各年份中均占据了较大的比重，平均占比达到了 7. 24% ，其中占比最高的为 2014 年的 9. 15% ，2010 年占比最低，为 5. 37% ；其余平均权重较大、影响较大的指标分别为人口密度、专利申请授权数、每百人互联网接入数、人均 FDI 和 R&D 占比，平均值均在 5% 以上，为重要指标。而城镇居民人均消费在各年份中的平均权重最小，仅有 0. 58% ，该指标在占比最高的 2011 年也仅有 0. 65% ，最低的 2016 年只有 0. 50% 。除此之外，结构化虚拟指标、市场化水平、服务业增加值增长率、劳动力占比，几个指标的平均权重同样较小，平均值均在 1. 5% 以下，为非重要指标。

2. 二级指标权重分析

根据上文中熵的可加性原则，由三级指标权重得到各年度服务业竞争力二级指标权重如图 7 - 1 所示。

对于二级指标，环境竞争力在各年中影响均较大，年平均占比达到了 21. 54% ；结构竞争力在各年中影响均较小，年平均占比仅为 3. 72% ；此外主要服务业竞争力、创新竞争力的占比也较大，年平均分别为 19. 37% 和 17. 01% 。

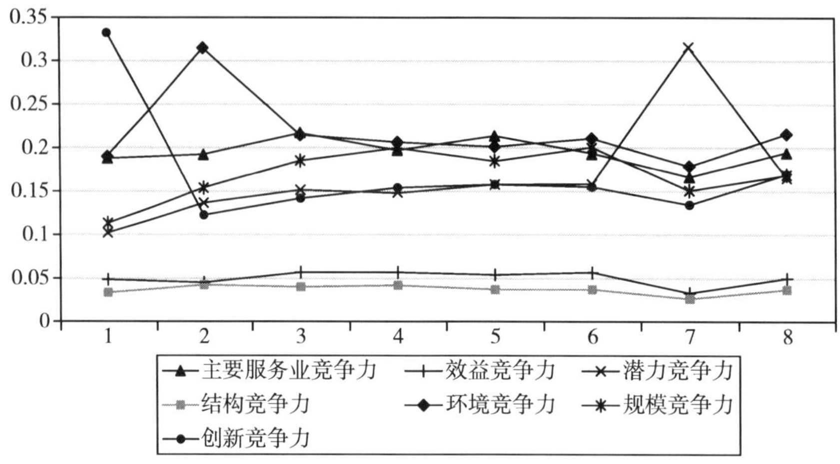

图 7 – 1　各年度服务业竞争力二级指标权重图

第三节　各地区服务业竞争力水平对比

一、基于截面数据的各省（区、市）服务业竞争力综合水平分析

利用上一节得到的动态指标权重测算各年度各省（区、市）服务业发展力水平，并按照省（区、市）维度计算年均得分（见表 7 – 3）。由于经济和产业的发展具有连续性和一贯性，因此得到的结果反映了各省（区、市）服务业发展力在一段时期内的整体水平。本节将从省域和经济区域两个维度出发，探究服务业发展力综合水平的差异。

表 7 – 3　各省（区、市）服务业年均发展力得分表

省（区、市）	年均得分	省（区、市）	年均得分	省（区、市）	年均得分
北京市	56.25	浙江省	44.34	四川省	24.39
天津市	44.68	福建省	37.30	贵州省	17.47
河北省	23.14	江西省	33.05	云南省	14.37
山西省	27.88	山东省	42.63	陕西省	25.53
内蒙古自治区	23.89	河南省	29.54	甘肃省	12.50

续表

省（区、市）	年均得分	省（区、市）	年均得分	省（区、市）	年均得分
辽宁省	38.83	湖北省	33.49	青海省	16.05
吉林省	25.92	湖南省	32.83	宁夏回族自治区	20.55
黑龙江省	26.32	广东省	50.15	新疆维吾尔自治区	16.96
上海市	58.03	广西壮族自治区	18.57		
江苏省	59.87	海南省	21.82		
安徽省	24.05	重庆市	31.02		

（一）基于梯队差异的省域竞争力综合水平分析

我们将现有各省份得分，按照各自年均得分进行排序，并将其分为5个梯队，每个梯队共6个省（区、市）。其中，第一梯队为：江苏、上海、北京、广东、天津、浙江；第二梯队为：山东、辽宁、福建、湖北、江西、湖南；第三梯队为：重庆、河南、山西、黑龙江、吉林、陕西；第四梯队为：四川、安徽、内蒙古、河北、海南、宁夏；第五梯队为：广西、贵州、新疆、青海、云南、甘肃。各梯队均展现出了不同的服务业竞争力水平特征。

1. 第一梯队“一超多强”，领先省（区、市）各有所长

第一梯队各省份年均得分如图7－2所示。

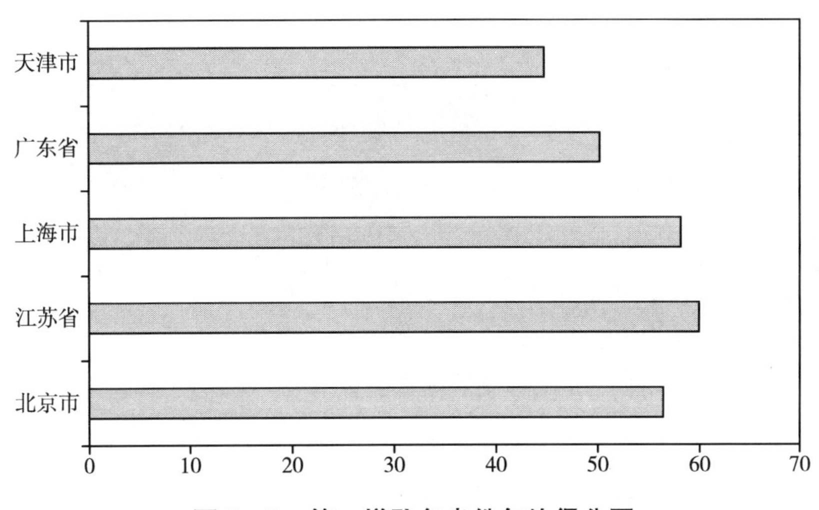

图7－2　第一梯队各省份年均得分图

在第一梯队中，服务业竞争力得分较为突出，其中江苏、上海、北京、广东是全国仅有的四个年均得分在50分以上以上的省（区、市），分别为59.87、58.03、56.25、50.15。四个地区恰好覆盖了全国所有的一线城市。

用同一梯队排名第一省（区、市）的得分减去排名最后省（区、市）的得分，得到梯队极差。在第一梯队中，梯队极差为15.21，差距较为显著，由此可见我国服务业竞争力较强的省份中，存在如竞争力尤其突出的省（区、市）。

江苏省的服务业竞争力年均得分位列全国第一，在2011年、2014年、2015年三年中服务业竞争力得分均超过了60分；在2010年至2016年的7年的时间里，江苏省服务业竞争力从未掉出全国前3，且在2011年至2015年连续5年服务业竞争力全国第一，可以认为该省（区、市）的服务业在全国范围内有着明显领先其他省（区、市）的竞争力。其中，在权重占比较大的指标专利申请授权数中，江苏省在2010年至2016年连续7年里均位于全国第一，其突出的创新竞争力是江苏省服务业能在全国处于明显领先位置的一大因素。对比上文中对服务业发展水平的研究，江苏省的服务业发展水平在全国范围内遥遥领先，可见江苏省服务业在近7年里发展迅速，竞争力强。

广东省在服务业发展水平中领先江苏省，是全国服务业发展水平得分最高的省（区、市），而在年均服务业竞争力上，广东省则被江苏省拉开了将近10分的差距。在权重最大的金融业、人口密度、专利申请授权数、每百人互联网接入数、人均FDI和R&D占比中，广东省均没有位于全国第一；同时在和江苏的对比中，除R&D占比外，其余5项指标的排名均落后于江苏省，进而导致了在年均服务业竞争力上，广东省被江苏省拉开了较大的距离。

上海市和北京市是我国最为发达的两个直辖市，在年平均服务业竞争力上，上海市和北京市位居第二、第三；其中，在2010年至2016年的7年中，除了2015年，上海市稳居全国第二，而北京市在2010年和2016年中取代了江苏省全国第一的位置，在其余的大部分时间里位于全国第三，两直辖市服务业竞争力水平稳定。在近7年中，所有年份里的每百人互联网接入数指标的第一、第二名均被北京和上海占据，两个地区突出且稳定的环境竞争力造就了服务业竞争力的领先。

2. 第二梯队差距明显，山东领先华中地区

第二梯队各省（区、市）年均得分如图7-3所示。

第二梯队中，梯队极差仍较大，达到了9.80分。湖北、江西、湖南三地的得分非常接近，分别为33.49、33.05、32.83，差值均不超过0.005。此外，山东省是唯一一个竞争力得分超过的40分的地区，达到了42.6；同时，山东省的服务业固定资产投资额在7年的时间里稳居全国前二名，批发零售业一直处于全国前四，市场化水平、交通运输仓储和邮政业也在全国处于靠前的位置，但

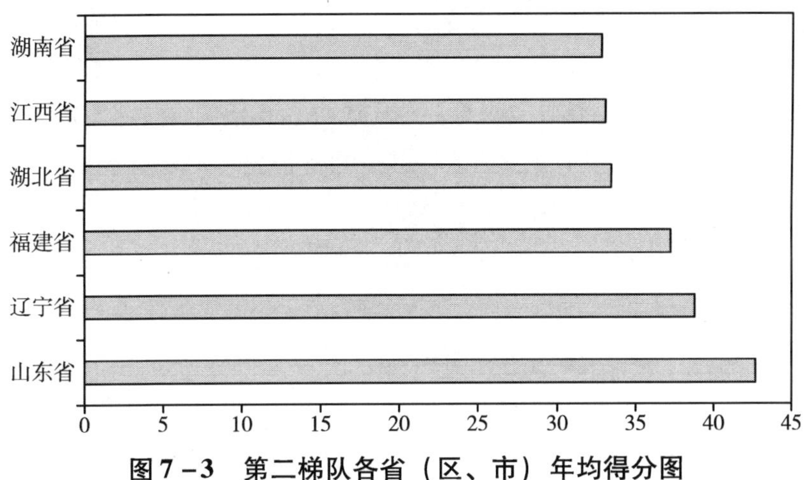

图7－3　第二梯队各省（区、市）年均得分图

由于山东的几项优势指标都不属于权重较大的指标，其无法在年均服务业竞争力上赶超更强的地区。

3. 三四梯队得分接近，陕西优劣势分明

第三、四梯队各省（区、市）年均得分如图7－4所示。

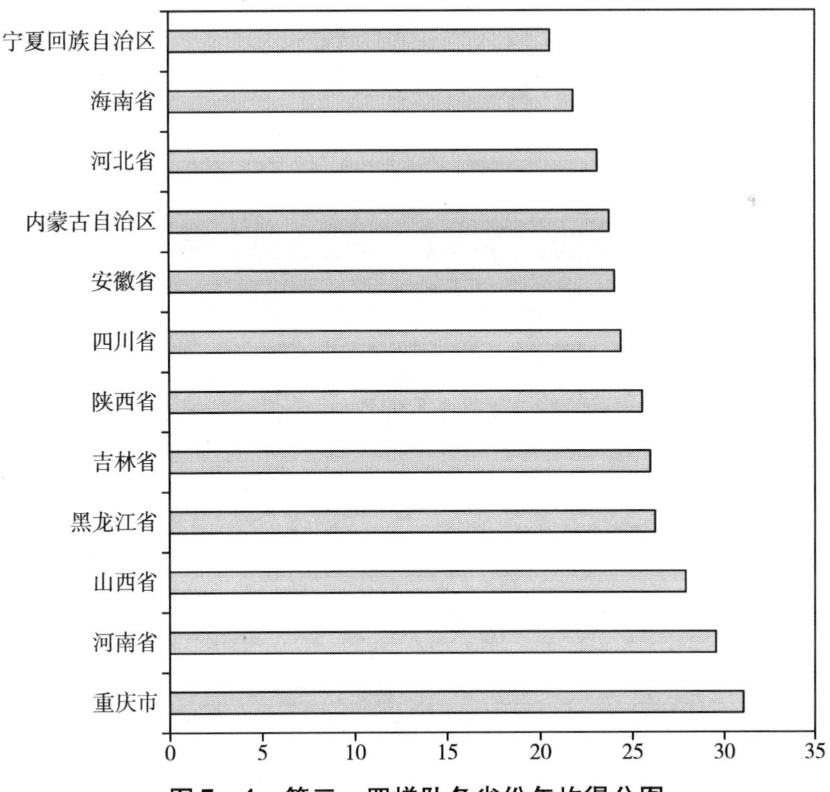

图7－4　第三、四梯队各省份年均得分图

第三梯队和第四梯队中，各省（区、市）的服务业竞争力差距极小，两个梯队的梯队极差均在5分左右。全国所有省（区、市）的年均服务业竞争力得分的总平均分为31分，与第三梯队中得分最高、全国排名第12名的重庆市持平，即从第三梯队开始，所有省（区、市）的竞争力水平均低于全国平均水平。可见我国的服务业竞争力有明显的左偏现象，即大多数省（区、市）均处于全国的平均水平之下，少数服务业竞争力极强的省（区、市）带动了我国服务业竞争力平均水平的上升。

值得一提的是，年均服务业竞争力得分位于第三梯队的最后、排名全国第17名的陕西省，其权重较大的金融业指标的得分极高，在近7年里全部稳居全国第一，其另一权重较大的指标每百人互联网接入数的得分也常年稳居全国前十。而陕西省其他权重较大的指标，如专利申请授权数、人口密度等均远低于全国平均水平，使得陕西省年均服务业竞争力得分较低。

4. 第五梯队竞争力均衡，甘肃情况有所好转

第五梯队各省（区、市）年均得分如图7-5所示。

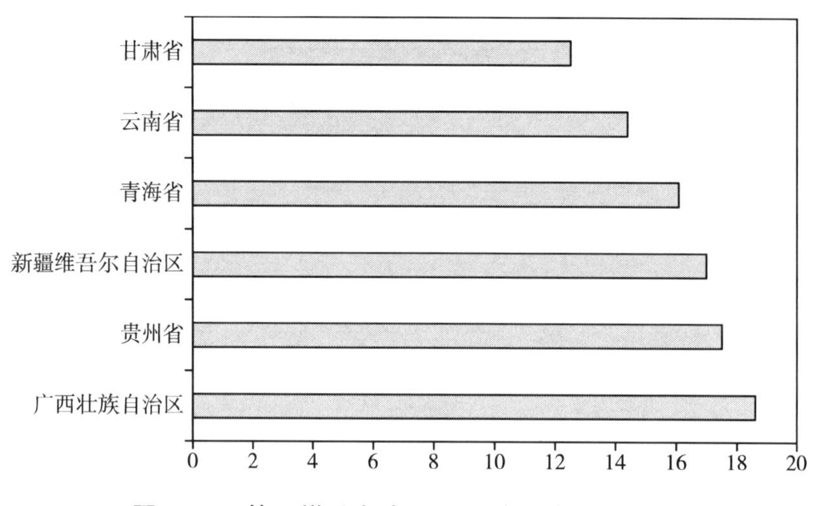

图7-5 第五梯队各省（区、市）年均得分图

第五梯队中，各省（区、市）的年均服务业竞争力得分均没有超过20分，均集中在12—19分内，梯队极差为6分左右，差距较小，即认为我国没有特别落后于其他地区的服务业竞争力极度不乐观的省份。其中，云南和甘肃的年均服务业竞争力得分分别为14.37和12.50。

云南省的年均服务业竞争力得分为全国第29位，在近7年里有4年处于全国倒数第二的位置。在各项权重较大的指标中，云南省没有一项指标常年处于

倒数第一或倒数第二的位置，但由于云南省所有指标在各年中均处于倒数十位的位置，导致了云南省最终得分处于这个位置。

甘肃省的年均服务业竞争力得分位列排在了最后，在2010年更是达到了8分，是所有省份中近7年唯一一次得分跌破10的；在7年的时间里，甘肃省的服务业竞争力得分有5年位居全国倒数第一，服务业竞争力明显落后于其他省（区、市）。其中，权重占比较大的指标人均FDI，甘肃省从2010年至2015年，连续6年位居全国倒数第一，且与其他省（区、市）有着量级的差距，此外其他权重较大的指标，如金融业、每百人互联网接入数、专利申请授权数等，甘肃省同样以较大的差距落后于其他省（区、市）。令人欣喜的是，甘肃省的服务业竞争力得分在2016年有较大幅度的提升，达到了19.6，同比增长42.86%，位居全国第27名；连续6年倒数第一的人均FDI的数值也前进到了第28名，具有一定增长的势头。

（二）基于板块差异的区域竞争力综合水平分析

计算各经济区域年均服务业竞争力得分的平均分，可以看出我国服务业竞争力在地区上呈现不平衡现象，其中，沿海地区服务业竞争力极强，竞争力随着沿海向内陆逐步递减。在全国得分排名前十的省（区、市）中，有9个省（区、市）均位于三大沿海区域，仅有东部沿海经济区、北部沿海经济区和南部沿海经济区的平均服务业竞争力高于全国平均水平，其余地区的平均服务业竞争力均低于全国平均水平，三个沿海经济区大幅度拉高了全国服务业竞争力的平均水平。其中，东部沿海地区的年均服务业竞争力平均得分为54.10，遥遥领先其他地区，是我国服务业竞争力的排头兵；北部沿海经济区和南部沿海经济区同样以41.7和36.4的得分领先全国大部分地区。而长江中游经济区和东北经济区得分较为接近，均略低于全国平均水平。而远离沿海的黄河中游经济区、大西南经济区、大西北经济区的服务业竞争力较弱，其中得分最低的大西北经济区仅有16.5的得分（见图7－6）。

1. 三大沿海经济区域竞争力突出，但仍存在局部不平衡

东部、南部、北部三大沿海区域各省（区、市）的年平均服务业竞争力得分如图7－7所示。

东部沿海经济区域平均得分为54.1，高于全国27个省（区、市）；其中，上海、江苏、浙江的得分均处于第一梯队，远高于全国平均水平，江苏和上海更是在年平均得分上稳居全国一二，整个东部沿海经济区域服务业竞争力突出且均衡。

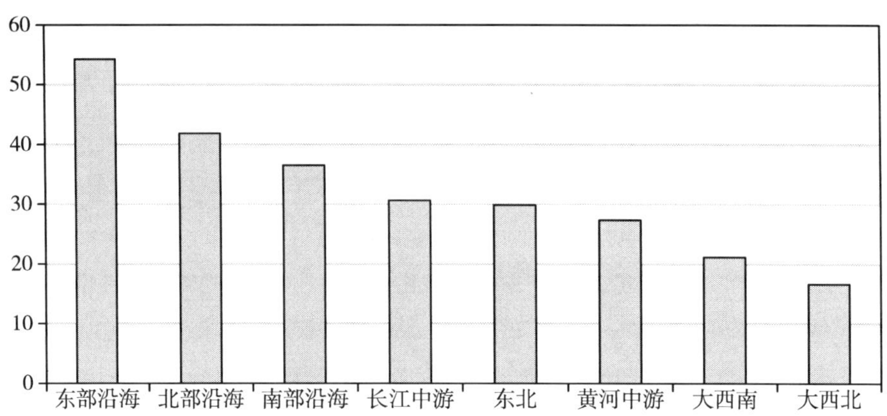

图7－6　我国各经济区域年均服务业竞争力得分图

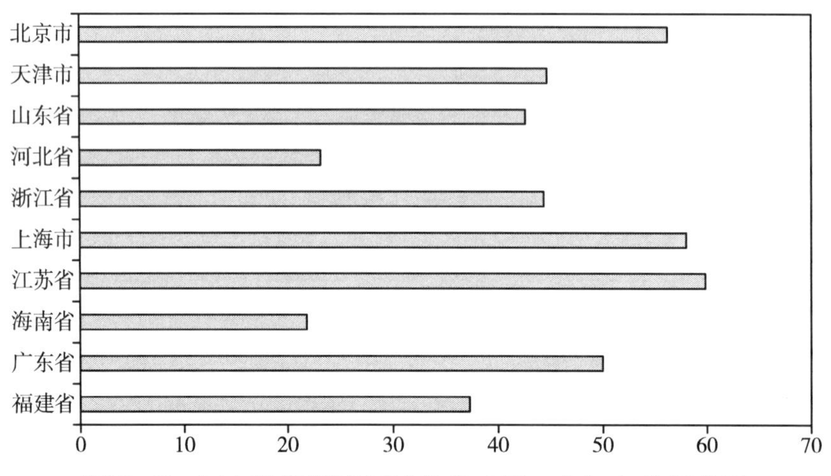

图7－7　三大沿海经济区域各省（区、市）年均得分图

北部沿海区域，三个省市的竞争力得分均位于全国前十，其中北京市和天津市两个全国重要的直辖市坐落于北部沿海区域，且均属于第一梯队，对整个北部沿海区域的整体服务业竞争力起了带动作用。但与此同时，河北省的服务业竞争力远远低于其他三个省市，竞争力得分不足北京市的50%，区域内极差，仅为33分。在服务业竞争力上北部沿海地区表现出地区不平衡的现象。

南部沿海经济区域，地区不平衡的现象同样不可小觑，广东省以50.2的年均服务业竞争力得分位于全国第五，该经济区域唯一一个进入第一梯队的省份。而服务业竞争力并不景气的海南，得分为21.8，位于全国第24位，拖低了整个经济区域的服务业平均竞争力。

2. 两河中游发展平衡，东北区域一枝独秀

长江中游经济区域、黄河中游经济区域、东北经济区域得分如图7－8所示。

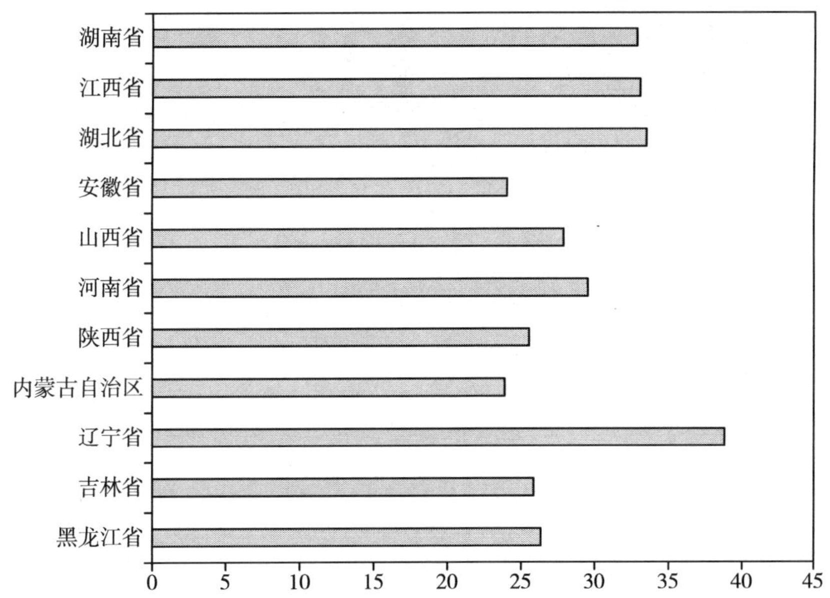

图7－8　长江中游经济区域、黄河中游经济区域、东北经济区域各省（区、市）年均得分图

辽宁省以38.8的得分，成为东北经济区域内唯一一个服务业竞争力得分排名全国前十的省份，且其在东北经济区域也大幅度领先于其他省（区、市）。东北经济区域中，黑龙江省和吉林省的竞争力得分较为接近，分别为26.3和25.9，辽宁省的得分高出其余两省45%以上，在东北区域一枝独秀，带动了整个东北经济区域的服务业竞争力。

长江中游经济区域和黄河中游经济区域的省（区、市）差距较小，服务业竞争力较为平衡，长江中游区域的区域极差为9.5分，黄河中游区域的区域极差仅为5.6分，没有出现显著突出和显著落后的省份。其中长江中游经济区域各省（区、市）的服务业竞争力得分均在30左右，高于黄河中游区域的25。

3. 西部地区整体落后，重庆需起带头作用

大西北、大西南经济区域各省（区、市）年均得分如图7－9所示。

全国服务业竞争力得分最低的两个经济区域均位于我国的西部内陆地区，我国年均得分后7位的省（区、市）全部都处在这两个经济区域中，年均得分排名最后两位的省份——甘肃和云南也分为位于大西北区域和大西南区域。其中大西南经济区域的竞争力得分为21.2，略高于大西北经济区域的16.5。

在大西北经济区域中，各省（区、市）得分接近，区域极差仅为8.1分，不

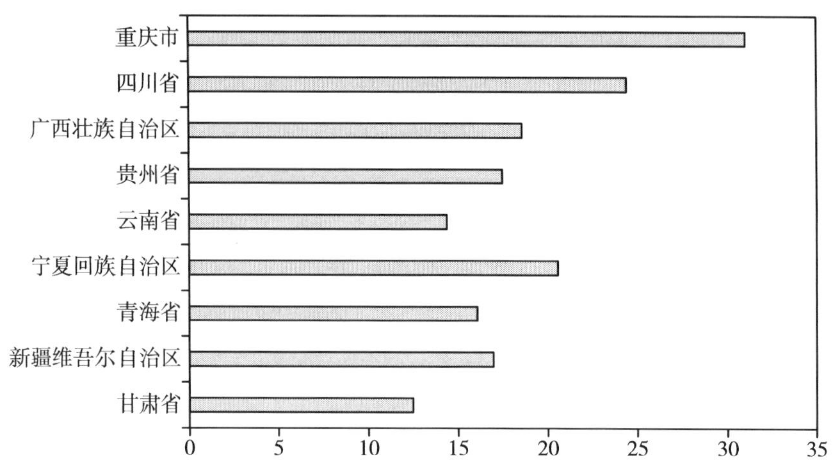

图 7-9　大西北、大西南经济区域各省（区、市）年均得分图

存在个别极端落后省（区、市），但得分最高的省份也只有 20 分左右，整个经济区域没有可以起到带头作用的突出省（区、市），整体竞争力较弱，需要共同进步。

在大西南经济区域中，云南、贵州、广西的服务竞争力较弱，四川和重庆的服务业竞争力相对乐观，其中，重庆市是我国西部地区唯一的直辖市，发展较好，是两个西部经济区域中，唯一一个服务业竞争力得分超过 30 的地区。重庆应当在西部区域起带头作用，提升连个经济区域的服务业竞争力。

二、基于时间序列数据的各省（区、市）服务业竞争力建设水平分析

（一）基于梯队差异的省域竞争力建设水平分析

从三级指标来看，大部分指标权重在观察期内的变化幅度较小，处于相对稳定的状态。但也存在一些指标的变化波动较为明显，其中城镇化率在前 6 年较为平稳，一直处于 0.02 左右，但在最后一年出现了较大幅度的下降趋势，年均下降率达到初始权重的 12%；人均 GDP 的权重在前 6 年稳定在 24% 左右，但在最后一年出现了较大幅度的下降趋势，年均下降率达到初始权重的 45%；人口密度的上下波动幅度较大，呈现出震荡波动的特征，其权重从 2010 年大幅度下跌至 2011 年，于 2012 年稳步上升，2014 年之后又缓慢下跌，逐渐平稳于 4%。

从二级指标来看（见图 7-10），主要服务业竞争力、效益竞争力、结构竞争力平稳波动，环境竞争力波动程度较大，在 2016 年达到峰值，上涨 49%，规

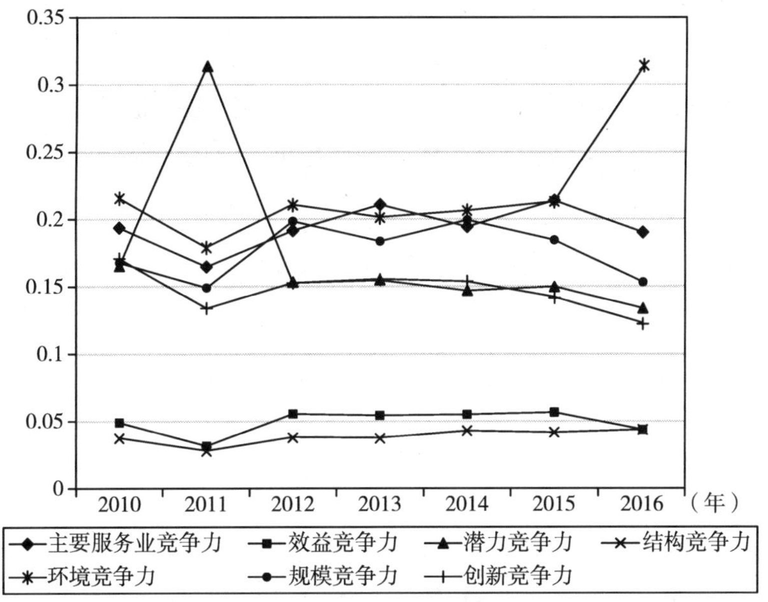

图 7－10 2010—2016 年服务业竞争力二级指标权重图

模竞争力、创新竞争力波动中下跌，其中创新竞争力下跌 27%。潜力竞争力在大幅波动中下跌，总体下跌程度与规模竞争力、创新竞争力下跌程度相近。

接下来我们依据上一节对梯队的划分方法，对各梯队逐一分析。

1. 第一梯队

北京市在第一梯队内的排名长期在上游波动，竞争力得分从 2013 年的 51.69 触底反弹，总体呈上升态势；上海市在第一梯队排名稳定在第二，竞争力得分在 2015 年最低为 54.21，7 年间上升了 6%；江苏省在第一梯队排名上游，总评分在 60 上下波动；广东省竞争力排名在第一梯队中游稳定波动，竞争力得分 2012 年最低，为 47.91；浙江省竞争力排名在第一梯队下游稳定波动，总评分下降了 5%；天津市竞争力排名在第一梯队下游稳定波动，总评分上升了 10%（见表 7－4）。

表 7－4 第一梯队省（区、市）各年度竞争力水平得分表

	2010 年	2011 年	2012 年	2013 年	2014 年	2015 年	2016 年
北京	60.76	53.89	51.69	52.16	52.98	56.99	65.26
广东	51.50	49.97	47.70	47.91	49.88	54.94	49.16
江苏	56.38	62.46	59.48	58.37	60.57	62.22	59.59
上海	59.89	57.34	56.44	55.54	57.78	54.21	65.01
天津	40.82	45.53	43.18	42.68	46.52	43.27	50.77
浙江	50.72	43.25	41.76	44.20	43.84	40.95	45.66

2. 第二梯队

福建省竞争力排名在第二梯队呈现下跌的波动趋势；山东省竞争力排名在第二梯队上游波动，呈现上升趋势；辽宁省竞争力排名逐年下降，2016 年下跌明显；湖北省竞争力排名处于第二梯队中游位置，2010—2014 年竞争力得分上升了 48%，之后又逐渐下降至 27.96；江西省竞争力排名在第二梯队中下游平稳波动；湖南省竞争力排名在第二梯队下游波动，但总评分呈上升趋势，7 年上升了 34%（见表7－5）。

表 7－5　　第二梯队省（区、市）各年度竞争力水平得分表

	2010 年	2011 年	2012 年	2013 年	2014 年	2015 年	2016 年
福建	39.08	37.12	37.49	38.09	39.32	35.18	34.86
湖北	26.23	33.55	33.71	36.29	38.64	38.02	27.96
湖南	29.35	29.60	29.29	33.38	33.55	34.21	40.41
江西	37.36	33.63	31.20	32.09	35.09	34.72	27.28
辽宁	44.78	39.08	41.28	41.94	41.32	36.42	26.99
山东	38.86	43.64	42.35	41.57	42.33	42.24	47.43

3. 第三梯队

重庆市竞争力排名在第三梯队上游波动；黑龙江省竞争力排名在第三梯队中游波动，2016 年跌出该梯队；山西省竞争力排名波动很剧烈，但总体评分稳定在 25 左右，2011 年、2012 年在该梯队排名垫底，2015 年跃升入第一梯队，2011 年掉出第三梯队；河南省竞争力排名在第三梯队底部波动，但 2016 年排名该梯队第一；陕西省竞争力排名在第三梯队底部波动，总体评分呈上升趋势，7 年间上升了 42%；吉林省竞争力排名在第三梯队底部波动，波动幅度大，2011 年后总体评分稳定在 26 左右（见表 7－6）。

表 7－6　　第三梯队省（区、市）各年度竞争力水平得分表

	2010 年	2011 年	2012 年	2013 年	2014 年	2015 年	2016 年
河南	30.10	28.16	28.70	30.51	30.83	24.97	33.47
黑龙江	22.36	28.86	25.66	26.36	28.06	25.92	27.04
吉林	21.05	26.47	27.09	26.50	27.34	26.73	26.24
陕西	18.86	24.17	25.22	26.86	27.25	24.19	32.16
重庆	26.10	32.90	32.46	32.66	31.21	32.69	29.15
山西	25.27	23.21	25.07	27.25	27.32	38.48	28.53

4. 第四梯队

海南省竞争力排名在第四梯队底部波动，2010 年排名在该梯队最前，有下跌趋势；河北省竞争力排名在第四梯队中上游波动，7 年间总评分上升了 6.56 分；内蒙古竞争力排名在第四梯队波动剧烈，2010 年进入第二梯队，2015 年掉入第五梯队，2016 年则排在第三梯度上游，总体评分呈上涨趋势，上涨了 46%；安徽省竞争力排名在第四梯队中上游平稳波动；四川省竞争力排名在波动中逐年上升，2016 年飞跃至第二梯队；宁夏竞争力排名波动剧烈，2016 年在第四梯队垫底（见表 7－7）。

表 7－7　　第四梯队省（区、市）各年度竞争力水平得分表

	2010 年	2011 年	2012 年	2013 年	2014 年	2015 年	2016 年
安徽	20.36	23.21	25.32	25.95	27.09	24.97	21.44
海南	22.04	20.99	20.72	22.22	25.37	20.62	20.78
河北	21.41	23.92	22.03	22.49	21.57	22.61	27.97
内蒙古	22.85	23.77	23.31	23.03	25.06	18.43	30.77
宁夏	17.23	22.12	21.55	23.12	23.92	19.67	16.26
四川	19.32	21.42	24.84	22.68	26.07	24.45	31.92

5. 第五梯队

广西竞争力排名在第五梯队中上游波动，2015 年曾进入第四梯队；贵州省竞争力排名在第五梯队中游波动，但 2016 年跃入第三梯队；云南省竞争力排名在第五梯队中下游平稳波动，但 2016 年和 2010 年排在该梯队上游；新疆竞争力排名在第五梯队中上游平稳波动；青海省竞争力排名在第五梯队波动剧烈，2011 年垫底，2015 年在该梯队排名第一；甘肃省竞争力在第五梯队底层稳定波动，2016 年垫底（见表 7－8）。

表 7－8　　第五梯队省（区、市）各年度竞争力水平得分表

	2010 年	2011 年	2012 年	2013 年	2014 年	2015 年	2016 年
甘肃	8.00	13.09	11.55	12.12	11.86	11.21	19.63
广西	19.44	16.91	17.70	17.84	17.53	20.81	19.76
贵州	13.26	16.58	16.52	16.26	15.43	16.45	27.81
青海	10.68	12.00	14.79	17.83	18.82	18.85	19.36
新疆	11.27	16.71	18.05	18.68	17.89	17.42	18.73
云南	11.33	13.82	12.68	13.22	12.95	16.35	20.21

综合来看，2010 年至 2011 年，第三、第四梯队的城市竞争力排名有所变化，其他梯队基本不变；2011 年至 2015 年几乎所有城市竞争力排名都没有发生梯队变化；但 2015 年至 2016 年，第二、第三、第四梯队的城市竞争力排名有较大变化，2016 年是竞争力排名波动较大的一年。

（二）基于板块差异的区域竞争力建设水平分析

按八大综合经济区域的划分方法，分别计算各个经济区的区域竞争力得分（见图 7－11），可以看到各大经济区服务业的竞争力得分有较为明显的区别。其中，东部沿海综合经济区、北部沿海综合经济区和南部沿海综合经济区在各年度中均位列前三名；大西南综合经济区、大西北综合经济区在各年度中均位列后两位；黄河中游经济区除了 2016 年外均位列倒数第三位。八大经济区的首尾排序较为稳定，而长江中游综合经济区和东北综合经济区服务业竞争力得分相差不大。

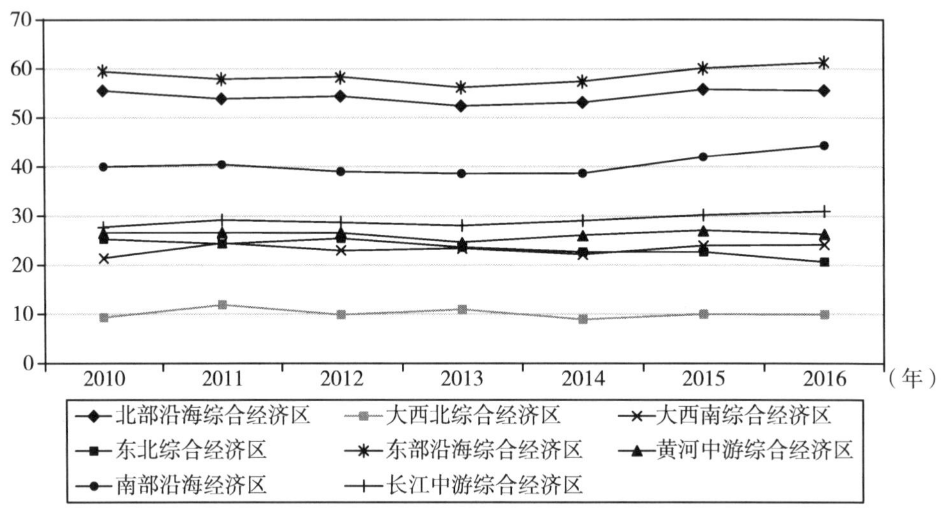

图 7－11　2010—2016 年八大综合经济区服务业竞争力得分图

东部沿海综合经济区包括上海、江苏、浙江，在各年度的服务业竞争力得分中均排名第一，领先优势明显。在区域内部，江苏省竞争力通常排名第一或第三；浙江省竞争力通常排名第五至第七；上海市排名通常稳定在第二名，只有在 2015 年排在了第四名。东部沿海综合经济区总体竞争力较强，排名都比较靠前。

北部沿海综合经济区包括北京、天津、河北、山东，在各年度服务业竞争力得分中均位列第二。在区域内部，河北省竞争力排名中下游，第十六至二十四名不等；山东省竞争力排名上游，第九至第六名不等；北京市排名一直靠前，稳定在前三名；天津市的竞争力排名基本稳定在所有城市的上游，排名第四至第七不等。该经济区内各区竞争力程度差异较大。

南部沿海经济区包括广东、福建、海南。广东省竞争力排名上游，第三名至第五名不等；福建省竞争力排名中上游，第八至第十一名不等；海南省排名下游，第十八至第二十四名不等。南部沿海经济区竞争力排名差异较大，发展不均衡，广东竞争力明显强于福建省、海南省。

长江中游综合经济区包括湖北、湖南、安徽、江西。湖北省竞争力排名在中上游，在第九至第十七名间波动；湖南省竞争力排名在中上游，第八至第十三名不等；江西省竞争力排名中游，第十至第十九名不等；安徽省竞争力通常排名中下游，第十七名至第二十三名不等。长江中游综合经济区竞争力排名总体在中游，同时区域内差异总体来说不是特别大。

东北综合经济区包括辽宁、吉林、黑龙江。辽宁省竞争力排名中上游，第六至第二十一名不等；吉林省竞争力排名中游，第十五至第二十一名不等；黑龙江省竞争力排名中游，第十五至第二十二名不等。东北综合经济区整体竞争力排名中游，省际差别不大。

黄河中游综合经济区包括山西、陕西、河南、内蒙古。山西省竞争力排名中游，第八至第十九名不等；内蒙古自治区竞争力排名中下游，第十三名至二十六名不等；河南省竞争力排名中游，第十至第十八名不等；陕西省竞争力排名中下游，第十一至第二十四名不等。黄河中游综合经济区总体竞争力排名中下游，区域竞争力较弱。

大西南综合经济区包括四川、云南、贵州、重庆、广西。四川省竞争力排名中游，第十二名至第二十三名不等；云南省竞争力排名垫底，第二十五至第二十九名不等；贵州省竞争力排名中下游，第十八至第二十六名不等；广西排名下游，第二十二至二十七名不等；重庆市的排名则一般在中上游，第十二至十四名。大西南综合经济区竞争力整体来说排名中下游，重庆市、四川省稍强，贵州省、广西壮族自治区较弱，云南省最弱，总体竞争力不强。

大西北综合经济区包括宁夏、新疆、青海、西藏、甘肃，由于数据缺失和可比性原因，西藏未纳入整体考量。在区域内其余省（区、市）中，宁夏回族自治区竞争力排名下游，第二十至第三十名不等；新疆维吾尔自治区竞争力排名垫底，第二十五至第二十九名不等；青海竞争力排名垫底，第二十五至第二十九名不等；甘肃竞争力排名垫底，第二十七至第三十名不等。大西北综合经济区各省竞争力均不高，整体竞争力欠缺。

第八章　竞争力影响因素分析

从第六章可以发现，与发展力水平相似，30个省、市、自治区的服务业竞争力水平从截面数据角度和时间序列角度都各具特点，且在区域分析中依据地域位置进行划分的八大综合经济区的服务业竞争力水平也呈现显著的分层情况。因此，依据产业集聚效应原理和第四章的经验与结果，在充分考虑各省份内部因素的影响的前提下，我们同样对于服务业竞争力提出空间影响因素的研究，即各地区服务业竞争力水平及其变化受到空间因素的影响。同时，本章需要检验“空间效应是否真的存在”“若存在空间效应，此效应影响是否显著”“各地区间服务业竞争力水平是否存在协调增长和收敛的情况”等问题。

因此，本章基于第六章对各省份服务业竞争力的综合评价，引入空间计量模型，对我国30个省、市、自治区的服务业竞争力影响因素进行探索。首先结合已有文献和实际情况，然后在考虑各个地区内部影响因素的基础上加入空间因素，从邻接省份和反距离空间效应的角度定义空间权重矩阵，结合经济理论，以服务业竞争力评分模型为基础，建立服务业竞争力的空间自回归模型，利用数据测算空间因素对服务业竞争力的影响，结果表明空间影响存在，各省（区、市）服务业竞争力存在区域性和空间扩散现象。

第一节　引　言

目前，我国关于服务业竞争力的文献数量正在快速增长。总的来说，可以分为如下几个方面。

一、针对服务业竞争力的理论或应用的研究

王小平根据影响服务业竞争力的因素，提出了服务业竞争力的四个优势；刘书瀚等在服务业竞争力的研究中，首次引入了服务创新，开拓了研究视角；李素喜通过实证研究，分析了中国各个省（区、市）服务业竞争的动因、实质、特征和关键等内容，奠定了服务业区域性竞争理论的基础。

二、针对某一特定的行业的服务业竞争力的研究

谷永芬、陆丰刚、李松吉等对我国商贸服务业竞争力进行了研究，借鉴日本、美国的商贸服务业的经验，提出了发展我国商贸服务业竞争力的措施；周火同分析了我国目前在金融服务业上存在的诸多问题，并提出提高金融服务业竞争力的方法；司瑞祺针对石油行业的不同特点，分析了石油企业竞争力的构成和影响因素，提出了石油企业竞争力评价指标体系；侯立军、张辉等总结了苏南地区知识密集型服务业的发展优势和存在的差距，就如何进一步拓宽苏南地区知识密集型服务业的发展空间、提升其竞争实力提出了具体的建议。

三、针对特定区域的服务业竞争力的研究与对比分析

王淑媛等建立了服务业竞争力的指标体系，分别对广州与深圳的服务业竞争力进行计算与对比，也对珠江三角洲与长江三角洲各城市的服务有竞争力进行计算与对比；郭显光等对江苏、浙江和上海的服务业竞争力进行了实证对比分析；丰志勇对长三角城市的服务业竞争力进行了评价与研究。

四、基于提升服务业竞争力的对策研究

此方面的研究大多是理论性的研究，研究视角较为宏观。杨艺敬在“走出去”战略的基础上提出提升服务业竞争力的措施；尚慧丽以黑龙江为例，提出提升区域服务业竞争力的对策；钱明霞针对常州市服务业的特点，提出了提升常州服务业竞争力的对策。

关于服务业竞争力的计算评价方法，目前主要有数据包络评价法、模糊综合评价法、层次分析法、灰色关联分析法、因子分析法、聚类分析法等。至今为止，国内外许多学者已做出了许多探究，但主要集中在宏观方面。例如，从国家角度，对服务业国际竞争力进行探究（主要是对服务贸易竞争力的研究）；针对某一特定类型的服务行业，计算分析其竞争力；从企业层面，探究该服务型企业的竞争力。更多的研究成果都属于直接应用研究，存在着对服务业竞争力的决定与影响因素分析不够系统等问题，且没有涉及服务业竞争力的理论体系。即使是关于服务业的专著，同样都集中于服务管理、服务营销、服务创新或服务企业竞争力方面。尽管近年来，关于特定区域服务业竞争力的研究已开始受到关注，但研究的区域主要是以部分省（区、市）、地市或某一城市为单位进行评价，研究较少涉及空间计量相关内容。

第二节　变量说明

一、被解释变量——服务业竞争力综合评价指标

被解释变量 y 为服务业竞争力得分。前文中，根据我国服务业发展现状以及国家相关政策，以科学性、客观性、综合性、层次性、可操作性为原则，从 7 个方面构造了我国服务业竞争力综合评价指标体系，并用我国 30 个省（区、市）2010—2016 年的实际数据测算了每个省（区、市）每一年的服务业竞争力得分。在本部分中，该得分为被解释变量。

二、解释变量——竞争力影响因素分析指标体系

根据本书的研究目的并借鉴已有研究成果的经验，本书的解释变量主要包括前文中阐述的刻画服务业竞争力的六个部分：规模竞争力、结构竞争力、潜力竞争力、环境竞争力、创新竞争力、主要服务业竞争力。数据均源自 2011—2017 年的《中国统计年鉴》，每个指标选取的意义、计算公式说明如下。

（一）规模竞争力

1. 服务业增加值

服务业增加值指服务行业在一个周期内（一般以年计）比上个清算周期的增长值，为正向指标。在国民经济核算中，服务业增加值是一个常用的指标。

2. 人均服务业增加值

服务行业在一个周期内（一般以年计）比上个清算周期的增长值与总人口的比值，为正向指标。人口数量与服务业息息相关：服务业的直接或间接服务对象是各式各样的消费者，伴随人的集聚而集聚，人口密度会影响服务业的集聚。因此，考察规模竞争力时，除了考虑服务业增加值外，还需根据人口数量，考虑人均服务业增加值。

（二）结构竞争力

金融业和房地产业增加值除以第三产业增加值。以美国为例，依据美国国家经济分析局的统计报告，在20世纪五六十年代，制造业所创造的GDP占美国GDP的23%—27%，而金融、房地产服务业的GDP仅占美国GDP的11%—14%。到2015年，美国金融、房地产服务业的GDP占比上升到20%以上，而与此同时，制造业的GDP占比已经下降到12%左右。因此，美国学术界特别强调金融、房地产服务业的膨胀，称之为“经济虚拟化”。类似的是，在我国各省（区、市），金融、房地产服务业已经成为核心经济活动之一，在服务业中占比较大。因此，构建该结构化虚拟指标有助于本部分的分析。

（三）潜力竞争力

1. 地区生产总值（GDP）

服务业增加值这一指标，在刻画时不够全面。根据服务业增加值的计算公式，若某省（区、市）的服务业增加值较高，有两种可能：一是该省（区、市）经济较发达，已经进入了“服务经济”的阶段；二是该省（区、市）除了服务业以外，其他产业（特别是工业）欠发达。如果一个省（区、市）的第一产业和第二产业均十分落后，从而导致某些不可或缺的消费性质的服务业占GDP比重较高，则服务业增加值在GDP中的比重就不能准确反映某省（区、市）的服务业发展水平。考虑到我国不同省（区、市）各行业的发展水平参差不齐，在选取指标时，引入地区生产总值（GDP）这一指标。

2. 人均GDP

地区生产总值（GDP）除以地区常住人口，表示地区GDP的人均值。地区生产总值反映的是该地区经济发展的规模，而人均 GDP 则能反映出该地区当前的经济效益，代表该省（区、市）在一定时期内的人均产出水平。

3. 城镇居民人均可支配收入

计算方式为：（家庭总收入 - 交纳的所得税 - 个人交纳的社会保障支出 - 记帐补贴）/家庭人口，是居民家庭的全部现金收入中，能用于安排家庭日常生活的部分收入，反映了城镇居民实际的收入水平和消费能力。当收入水平提高时，人们需求的结构、层次都会产生变化，对服务业的需求会相应增加。

（四）环境竞争力

每百人互联网接入数：互联网宽带接入端口除以上年末常住人口。互联网是信息的高速公路，本质上是具有一般性的技术系统，与基础设施特性相似。互联网服务业与其他产业互相渗透交义，已深入到社会与经济生产的方方面面，例如批发零售、制造业等。互联网接入是信息服务业发展的重要基础，良好的互联网硬件环境才能促使信息服务业蓬勃发展；没有强大的互联网硬件基础，信息服务业将寸步难行。

（五）创新竞争力

1. R&D 人员全时当量

R&D 全时人员（全年从事 R&D 活动累积工作时间占全部工作时间的 90% 及以上人员）工作量与非全时人员按实际工作时间折算的工作量之和，是国际上通用的用于比较科技人力投入的指标。2010 年，党的十七届五中全会会议公报指出："要发展现代产业体系，提高产业核心竞争力，改造提升制造业，培育发展战略性新兴产业，加快发展服务业。"党的十七届五中全会清晰勾勒出服务业创新是我国转变经济发展模式的重要途径。因此，在考察服务业竞争力的模型中，需要考虑与服务业创新竞争力相关的指标。

2. 专利申请授权数

专利是高新技术式服务业发展的未来，也是国家当前政策的重点。选用专利申请授权数，可有效反映当前服务业创新竞争力的情况。

（六）主要服务业竞争力

1. 交通运输仓储和邮政业

交通运输仓储和邮政业增加值除以交通运输仓储和邮政业从业人员。

2. 房地产业

房地产业增加值除以房地产业从业人员。

3. 金融业

金融业增加值除以金融业从业人员。

4. 批发零售业

批发零售业增加值除以批发零售业从业人员。

5. 住宿和餐饮业

住宿和餐饮业增加值除以住宿和餐饮业从业人员。

三、模型设定

依据第四章的经验，基于上文所述影响服务业竞争力的外生解释变量，建立包含空间效应的服务业发展力回归模型。除此之外，还需要考察空间因素对各省（区、市）服务业综合竞争力的影响程度，因此假定建立的外生变量族不存在空间相关性，而各省（区、市）服务业综合竞争力水平具有空间相关性，即受其他省（区、市）服务业竞争力水平的影响。与第四章相似，本章仍然选择混合的空间计量模型（SARMA）进行进一步的实证研究，模型具体形式如下：

$$sid' = \rho' F_1 sid' + X'\beta' + \mu', \mu' = \varepsilon' + \lambda' F_2 \varepsilon' \quad \varepsilon' \sim N(0, \sigma_{\varepsilon'}^2 I_n)$$

其中，n 是样本中所考察的省（区、市）数量；sid'为各省（区、市）服务业综合竞争力得分，是因变量的 n 维向量；X'是 $n \times k$ 维的解释变量矩阵，其中 k 是入选的外生变量个数；F_1和F_2都是 $n \times n$ 维的空间权重矩阵，分别作用于因变量和模型残差；β'是 $k \times 1$ 维的解释变量参数向量；ρ 是空间自回归系数；μ'和ε'分别是自回归方程的截距项和随机误差项；I_n是 n 阶单位矩阵。空间自回归模型仅在被解释变量中存在空间相关性。

四、空间权重矩阵选取

与各省（区、市）发展力水平特征相似，结合各省（区、市）竞争力水平实际情况，将其套用在空间邻接权重矩阵、反距离权重矩阵、经济权重矩阵和嵌套权重矩阵四大类上各有优缺点。因此对于各省（区、市）竞争力水平空间权重矩阵的确定，本章仍然采取反距离权重矩阵中空间效应与单元距离成反比的假定相结合的方式，来计算各省（区、市）之间的空间效应。其中，ROOK邻接规则规定，当空间单元 i 和 j 有共同边界时，$F_{ij}=1$；当空间单元 i 和 j 无共同边界时，$F_{ij}=0$。然后对于非零的邻接单元加总后求倒数，得到的邻接单元形式为：

$$F_{ij}^{*}=\begin{cases}\dfrac{1}{\sum_{j=1}^{n}F_{ij}},\text{当空间单元 } i \text{ 和 } j \text{ 拥有共同边界}\\ 0,\text{当空间单元 } i \text{ 和 } j \text{ 无共同边界或 } i=j\end{cases}$$

该邻接单元可以有效进行定性与定量的空间效应关系刻画，通过各省（区、市）邻接省（区、市）的个数来反映空间效应的大小，得到各省（区、市）邻接省（区、市）数量如表8－1所示。

表8－1　　各省（区、市）邻接省（区、市）数量表

省（区、市）	邻接省（区、市）	省（区、市）	邻接省（区、市）	省（区、市）	邻接省（区、市）
北京市	2	安徽省	6	海南省	1
天津市	2	浙江省	6	重庆市	5
河北省	7	福建省	3	四川省	6
山西省	4	江西省	6	贵州省	5
内蒙古自治区	8	山东省	4	云南省	3
辽宁省	3	河南省	6	陕西省	8
吉林省	3	湖北省	6	甘肃省	6
黑龙江省	2	湖南省	6	青海省	3
上海市	2	广东省	5	宁夏回族自治区	3
江苏省	4	广西壮族自治区	4	新疆维吾尔自治区	2

第三节　影响因素结果分析

一、模型估计

（一）空间相关性检验

近年来，在开放经济的条件下，各地区的经济变量之间相互影响趋势日益增强。在“十一五”计划期间，国务院发展研究中心提出将我国重新分为八大经济区域，进一步地推动了各地区经济变量之间的影响程度。

在这样的背景下，利用传统的时间序列模型和面板数据进行分析都可能产生较大误差。因此，为了更准确地分析2010—2016年我国各省（区、市）服务业竞争力水平的影响因素，在选择计量方法之前，我们应对各变量是否存在空间相关性进行检验。

莫兰检验是检验空间相关性是否显著的经典方法，莫兰指数的数值区间为[-1，1]。其中，若莫兰指数显著大于0，表示空间正相关性显著；若莫兰指数显著小于0，表示空间负相关性显著；若莫兰指数显著等于0，表示空间呈随机性。

本书以八大经济区域的划分为标准，通过二元分值建立了30个省（区、市）的空间权重居中，计算出2010—2016年，我国各省（区、市）影响服务业竞争力的因素的莫兰指数，并对其进行显著性检验，得到结果如表8-2所示。

表8-2　服务业竞争力莫兰检验结果表

	2010年	2011年	2012年	2013年	2014年	2015年	2016年
莫兰指数	0.1102	0.1608	0.1363	0.1196	0.1234	0.0255	0.1481
P值	0.0598	0.0174	0.0325	0.0485	0.0443	0.2584	0.0232

据此做出2010—2016年我国各省（区、市）影响服务业竞争力的因素的莫兰指数折线图，如图8-1所示。

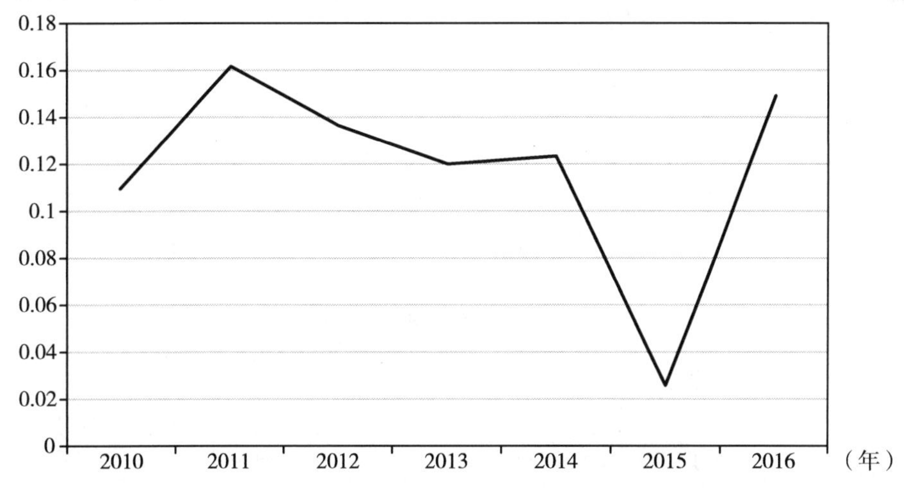

图8-1　2010—2016年莫兰指数折线图

通过检验可以得到，在2010—2016年共7年里，除2015年外，其余6年数据的莫兰检验结果均显著，且均大于0。而通过折线图可以看到，除2015年，各年莫兰指数均在一个较为稳定的范围内波动。由此可得，我国各省（区、市）的服务业竞争力存在空间正相关性，应当在后续的模型中加入空间因素。

（二）模型显著性检验

与第四章空间相关性检验同理，本章对服务业竞争力影响因素所构建的空间计量模型进行显著性检验，利用莫兰检验来检验数据的空间相关性，进而利用LM检验对型的残差序列进行检验，最后用4种不同类型的LM统计量——LM - Lag检验、LM - Error检验、Robust LM - Lag检验和Robust LM - Error检验进行卡方检验。

根据上述步骤，首先建立各省（区、市）各年份服务业竞争力得分对各影响因素的回归分析。经过反复测试，最终对各省（区、市）各年份服务业竞争力得分取对数作为被解释变量。根据上文中的变量选择，选定服务业增加值、人均服务业增加值、服务业增加值增长率、结构化虚拟指标 、GDP、人均GDP、城镇居民可支配收入、市场化水平、每百人互联网接入数、R&D人员全时当量、专利申请授权数、交通运输仓储和邮政业、金融业、住宿和餐饮业共14个变量作为解释变量，建立半对数回归模型，并利用OLS法进行参数估计，得到残差序列并进行LM检验。得到LML检验与LME检验结果如表8 - 3所示。

表8 - 3　　LML检验、LME检验结果表

	LM统计量	P值	检验结果
LM - Lag检验	4.455	0.0348	显著
LM - Error检验	26.383	2.8e - 07	显著

由于两个检验均显著，为了进一步判断模型形式，需对残差序列进行Robust LM - Lag检验和Robust LM - Error检验，得到检验结果如表8 - 4所示。

表8 - 4　　Robust LM - Lag、Robust LM - Error检验结果表

	LM统计量	P值	检验结果
Robust LM - Lag检验	0.29685	0.5859	不显著
Robust LM - Error检验	22.225	2.425e - 06	显著

根据回归结果，Robust LM - Error检验显著，Robust LM - Lag检验不显著，

故应选用空间误差模型。

选择使用空间误差模型，空间相互作用存在于误差项，即需要研究相近地区的误差冲击对其他地区行为的影响。考虑到由误差项导致的空间相互作用较为复杂，应对模型的条件均值进行 Hausman 检验，判断个体效应与自变量之间是否存在相关性。

Hausman 检验原假设为条件均值显著为零，应采取随机效应模型；若检验显著，则条件均值显著不为零，应该采用固定效应模型。对模型进行 Hausman 检验，得到检验结果如表 8 – 5 所示。

表 8 – 5　　　　Hausman 检验结果表

	Chisq 统计量	P 值	检验结果
Hausman 检验	9. 1272	0. 8228	不显著

检验不显著，接受原假设，认为该空间误差模型应采用随机效应模型形式。

二、模型估计结果分析

（一）空间相关性估计结果分析

根据上述莫兰检验结果，可以得到 2010—2016 年，我国各省（区、市）的服务业竞争力均表现出了显著的空间相互影响，且各项变量对同一区域内的溢出效应为显著的正向，即各省（区、市）的服务业竞争力水平对同区域省（区、市）同类指标存在显著的正向促进作用。

结果表明，近 7 年来，我国经济区域内各省（区、市）在第三产业的相互影响上已处于一个较为稳定的水平；“十一五”以来对经济区域的重新划分的成效是显著且积极的。

在同一经济区内，若存在服务业竞争力较强的省（区、市），可以对同区域邻近省（区、市）起很好的带动作用，北部沿海经济区和南部沿海经济区就是其中很好的代表，其中北部沿海经济区更是将加速区域一体化进程作为整个经济区域的重要发展目标。

对于整个区域内所有省（区、市）均具有较强服务业竞争力的地区，如东部沿海经济区，区内的浙江省、江苏省、上海市，均属于服务业竞争力突出的地区。空间交互效应显著说明该区域形成了良好的区域内相互带动形式，区域共同进步，进一步巩固区域在国内的领先地位。

对于服务业竞争力仍处于全国平均水平之下的大西北综合经济区、大西南综合经济区等，空间交互作用显著说明该地区虽本身竞争力较为薄弱，但仍存在相互带动现象，共同发展，共同提升区域服务业竞争力水平。

概括而言，我国现阶段各区域空间交互作用显著且稳定，若计划进一步提升区域内服务业竞争力，则不能停留于维持空间交互水平，仍需要进一步提升合作关系。

（二）模型估计结果分析

根据上述模型选择，最终应建立随机效应形式的空间误差模型（SEM），得到参数估计结果如表8－6所示。

表8－6　空间误差模型参数估计与检验表

SEM					
变量	估计值	SE	t	P	显著性
截距项	－1.2643	0.0192	－65.735	<2.2e－16	***
服务业增加值	0.3582	0.1077	3.3239	0.0009	***
结构化虚拟指标	0.0986	0.0177	5.5597	2.70E－08	***
GDP	－0.1349	0.0935	－1.4423	0.1492	
人均 GDP	0.1053	0.0335	3.1414	0.0017	**
城镇居民可支配收入	0.0119	0.0267	0.4461	0.6556	
市场化水平	0.0624	0.0155	4.0191	5.84E－05	***
每百人互联网接入数	0.0703	0.0340	2.0669	0.0387	*
R&D 人员全时当量	－0.1016	0.0501	－2.0268	0.0427	*
专利申请授权数	－0.0131	0.0339	－0.3875	0.6983	
交通运输仓储和邮政业	0.0638	0.0217	2.9434	0.0032	**
房地产业	－0.0007	0.0184	－0.0395	0.9685	
金融业	0.0473	0.0183	2.589	0.0096	**
批发零售业	0.0435	0.0367	1.1863	0.2355	
住宿和餐饮业	0.1490	0.0300	4.965	6.87E－07	***
phi	0.5691	0.2145	2.6533	0.0080	**
rho	0.3188	0.0925	3.4464	0.0006	***
lambda	－0.0007	0.0079	－0.0831	0.9337	

根据参数估计结果，该回归模型整体显著。其中，显著的变量有服务业增

加值、结构化虚拟指标、人均 GDP、市场化水平、每百人互联网接入数、R&D 人员全时当量、交通运输仓储和邮政业、金融业、住宿和餐饮业，表明这 9 个影响变量对于我国 30 个省（区、市）的服务业竞争力水平具有显著的影响效果。而误差参数中，phi 和 rho 检验均显著，lambda 检验不显著，与上文中 LM 检验的结果相吻合，模型应选择空间误差模型而不是空间自回归模型。

（三）影响因素结果分析

根据模型结果，共有 9 个显著变量和 2 个显著的误差参数变量，各变量对服务业竞争力得分有不同程度的正向影响。

其中，服务业增加值对服务业竞争力得分产生了最直接的影响，对应变量的参数估计值也为所有变量中最大，达到了 0. 3582，即服务业增加值每增加一个单位，服务业竞争力得分平均增加 0. 35%。服务业增加值是对应地区在一年时间里所有分类的第三产业产值的总和，对服务业情况有着高度的概括作用。突出的服务业竞争力离不开服务业增加值的支撑，2010—2016 年，服务业竞争力得分靠前的广东、江苏、山东、浙江、北京、上海几乎垄断了全国服务业增加值的前六名。服务业增加值的突出，显现出了对应省（区、市）优异的服务业生长环境和发展势头，极大地增加了对应地区的服务业竞争力。

人均 GDP 是所有变量中，参数估计值排第三的变量，达到了 0. 1052，即人均 GDP 每增长 1 个单位，服务业竞争力得分平均提升 0. 1052%。人均 GDP 反映了一个地区的整体经济发展水平，是国民经济核算中最重要的指标之一。在我国近 7 年来的人均 GDP 排名中，天津、北京、上海、浙江、江苏近乎完成了对靠前排名的垄断，我国东部沿海综合经济区和北部沿海综合经济区在经济发展上都有极其突出的省（区、市）起带头作用。同时，这几个省（区、市）也均在服务业竞争力上处于全国领先水平。可见，经济发展水平和服务业竞争力有着不可忽视的联系。在当前国内背景下，经济发展离不开良好的经济转型，发达城市积极发展第三产业，极大地提升了服务业竞争力。

市场化水平，即非集体或国有企业单位数除以企业法人单位数，反映该地区私企的发展情况。变量的参数估计值为 0. 0624，即市场化水平每增加 1 个单位，服务业竞争力得分平均提升 0. 0624%。属于第三产业类的企业大多为非集体和国有企业，一个地区的非集体和国有企业单位数越多，则该地区市场更为自由，市场化水平更高，更利于服务业的发展。其中，东部沿海综合经济区的上海、江苏、浙江均不属于我国的政治文化中心，市场化水平高，全部处于国内市场化水平领先位置，整个区域适合服务业发展，服务业竞争力极强。

互联网的发展是不可忽略的重要影响因素，当前服务业的发展离不开互联网的支撑。每百人互联网接入数反映了该地区的互联网普及程度。变量的参数估计值为0.0702，即每百人互联网接入数每提升1个单位，服务业竞争力得分平均提升0.0702%。其中在近7年里，北京和上海的每百人互联网接入数最高，稳居全国前二，为服务业竞争力的提升提供了足够的基础。湖南、河南等两河中游经济区域的每百人互联网接入数并不理想，位于全国的末位水平，而两个区域在其他方面都有着比较良好的、适合服务业发展的条件。对于此类地区，想要提升服务业竞争力，提升互联网普及水平是一个高效的选择。

结构化虚拟指标指金融业与房地产业的产值占第三产业产值的比例，金融业和房地产业，尤其对于较为发达的城市而言，是最为重要的两项服务业。结构化虚拟指标很大程度上可以反映一个地区整个服务业的发展情况和竞争力。变量的参数估计值为0.0986，即结构化虚拟指标每提升1个单位，服务业竞争力得分平均提升0.0986%。我国发达地区，如北京、上海、江苏、浙江、广东等地，结构化虚拟指标均显著高于全国平均水平，金融业和房地产业发达，为服务业的产值增加起了重要作用，有利于服务业竞争力的提升。

在五项主要的服务业业务中，有三项的回归系数显著。

住宿和餐饮业同样对服务业竞争力有着较大的影响，对应变量的参数估计值为0.1490，是所有变量中对服务业竞争力得分影响第二大的变量。住宿和餐饮业从业人员每增加1个单位的产值，服务业竞争力得分平均增长0.1490%。“民以食为天”，住宿和餐饮业是大多地区最基础的服务产业之一。住宿与餐饮业虽产值低于金融业、房地产业等国内热门产品，但在金融业、房地产业并非特别发达的大西北综合经济区、大西南综合经济区和黄河中游综合经济区，住宿和餐饮业是对应地区服务业竞争力的重要基础。

金融业同样是服务业竞争力的重要组成部分，对应变量的参数估计值为0.0473，即金融业从业人员每增加1个单位的产值，服务业竞争力得分平均增长0.0473%。金融业是我国当前最重要的第三产业业务之一，金融在服务业竞争力水平的评价体系中，所占权重也稳定在前三。在我国较为发达的地区，金融业发展状况良好，其中，广东、上海、江苏、天津四地在各年份中，金融业从业人员人均产值均位于全国前列，突出的金融业发展水平是对应地区服务业竞争力出众的一个重要因素。但与此同时，我国大西南综合经济区、东北综合经济区和黄河中游综合经济区的金融业发展状况并不理想，黑龙江、吉林、甘肃、新疆等省、区的金融业得分多次位居全国范围内靠后的位置，此类地区若想提升服务业竞争力、完成转型，发展金融业是重要的一步。

交通运输仓储和邮政业的系数在三项显著的服务业业务中位于第二，对应的参数估计量为0.0638，即交通运输仓储和邮政业从业人员人均产值每提升1个单位，无物业竞争力得分平均提升0.0638%。近7年来，我国交通运输仓储和邮政业发展状况较好的省（区、市）为福建、天津、山东、浙江，覆盖了我国北部、东部、南部沿海的主要地区，沿海的地理条件为对应的省（区、市）带来了天然的运输、仓储和邮政业基础，对应省（区、市）在服务业竞争力得分上也同样排名靠前。值得一提的是，北京在此项指标中常年靠后，可见北京的城市第三产业定位并非大量依靠实体进出口，强大的科技和经济实力为北京带来了极高的服务业竞争力。

第九章　竞争力时空演变分析

在上一章中，我们以前文中服务业竞争力评分模型为基础，建立服务业竞争力的空间自回归模型，利用数据测算空间因素对服务业竞争力的影响。

当前空间计量模型的实证研究中，很多国内的文献均是基于 LM 检验在空间自相关和空间误差模型中进行选择和分析，而 LM 检验确实存在局限性。同时，空间计量模型已极为丰富，我们有必要根据实际的研究问题，在更广泛的空间计量模型中做出合理的选择。面板数据中，在横截面的基础上还加入了时间维度，而对于时间序列数据，一个重要的表现就是动态性，由于一般的经济变量的变化都是递进的，那么前期的状态就可能对后期有一定的影响，这样我们在建立理论模型的时候，就需要考虑到研究对象本身在前面时期的表现。对于我们所研究的空间计量理论模型，在遇到这种问题的时候，我们同样要在模型中加入研究对象前期的状态表现。因此，我们引入动态空间计量理论及其模型，对我国省域服务业竞争力的时空演变分析进行进一步探讨。

本章结合已有文献和实际情况，借助我国省域服务业竞争力综合得分类型的传统马尔可夫状态转移概率矩阵，对我国省域服务业综合竞争力水平的时间演变过程进行了分析；同时通过计算我国省域服务业发展水平的空间马尔可夫状态转移概率矩阵，直观地分析在某一地区服务业的发展中其周边省（区、市）所起的作用；另外，根据两个矩阵，可以分析不同服务业竞争力水平的地区时空演变过程。结果表明，我国省域服务业竞争力早期提升缓慢，但活跃度有所提升，且总体水平提升；服务业竞争力水平存在空间效应；竞争力水平不同的地区，其演变过程各有特点。

第一节　全国时空演变过程

一、传统马尔可夫转移概率矩阵分析

通过传统马尔可夫转移概率矩阵对我国省域服务业综合竞争力水平进行分析，可以得到结果如表 9－1 所示。在马尔可夫状态转移概率矩阵中，位于第 i 行第 j 列的值表示研究对象从状态 i 向状态 j 转移的概率，其中对角线元素表示研究状态不发生转移的概率，非对角线元素表示研究对象从一种状态转移到另一种状态的概率。通过表 9－1 我们可以得到 2010—2013 年、2013—2016 年我国服务业综合竞争力水平状态发生转移的概率特征，通过两个时间段的对比，可以得到服务业竞争力的变化规律。

表 9－1　　2010—2016 年我国省域服务业竞争力综合得分类型的马尔可夫矩阵

t/(t+1)	n	2010—2013 年					n	2013—2016 年				
		1	2	3	4	5		1	2	3	4	5
1	16	0. 750	0. 250	0. 000	0. 000	0. 000	11	0. 545	0. 364	0. 091	0. 000	0. 000
2	23	0. 043	0. 696	0. 261	0. 000	0. 000	19	0. 158	0. 526	0. 316	0. 000	0. 000
3	26	0. 000	0. 077	0. 885	0. 038	0. 000	32	0. 000	0. 125	0. 781	0. 094	0. 000
4	15	0. 000	0. 000	0. 067	0. 933	0. 000	18	0. 000	0. 000	0. 222	0. 722	0. 055
5	10	0. 000	0. 000	0. 000	0. 100	0. 900	10	0. 000	0. 000	0. 000	0. 100	0. 900

（一）我国省域服务业竞争力多处于中水平阶段

在 2010—2013 年中，起点年份处于中水平、中低水平的省（区、市）达到了 49 个，占比为 54. 4%；而在 2013—2016 年中，起点年份处于对应水平的省（区、市）为 51 个，占比达到了 56. 7%。中水平是我国各省（区、市）服务业竞争力水平在过去 7 年里最为常见的情况；横向对比而言，2010—2013 年期间，各省（区、市）地区的服务业竞争力水平整体呈右偏分布，即处于低水平、中低水平的省（区、市）要多于处于高水平，中高水平的省（区、市）；而这一情况在 2013—2016 年得到了改变，在此期间，处于中低水平、低水平的省（区、市）个数仅比处于中高水平、高水平的省（区、市）个数多出了 2 个，大多省（区、市）集中在中水平，表明我国的中低水平省（区、市）的服务业竞争力正在一步步地发展，在后期已基本实现了对称的分布。

（二）低水平地区积极进步，高水平地区需要稳定

在马尔可夫转移概率矩阵中，非对角线元素表示其从一个状态转移到另一个非自身状态的概率。对比低水平、中低水平的转移概率和高水平、中高水平的转移概率可以发现。低水平、中低水平地区向更高水平转移的概率更大，尤其对于低水平地区而言，提升的概率达到了 25% 以上；而对于高水平、中高水平和中水平的地区而言，状态下降的转移概率均小于状态提升的转移概率，即退步的可能性大于进步的可能性。总体而言，我国服务业竞争力水平较低的地区更有可能提升水平，而对于服务业竞争力已经较强的省（区、市）而言，状态退步的可能性大于状态提升的可能性。

（三）我国省域服务业竞争力早期提升缓慢，但活跃度有所提升

在表 9 - 1 中，马尔可夫状态转移概率矩阵中的对角元素表示对应省（区、市）在对应时间段内状态不发生改变的概率。在 2010—2013 年时间段内，对角线上的各数值均较大，最小值为 69. 9%，意味着此期间内，大部分省（区、市）的服务业竞争力水平鲜有变化。

而在 2013—2016 年中，马尔可夫状态转移概率矩阵的对角线元素显著变小，即省域竞争力水平提升缓慢的状况发生了很大的改观。低水平、中低水平的对角线元素仅为 54. 5% 和 52. 6%，意味着将近有一半的省（区、市）在此期间状态得到了改变，体现出后 4 年里，我国省域服务业竞争力水平，尤其是低水平、中低水平省域的服务业竞争力极为活跃，产生了较多的状态变动的情况。同时，中水平、中高水平的活跃程度也有小幅度的提升。供给侧改革背景下，我国近年来各省（区、市）更为重视省（区、市）内的服务业竞争力，引导了服务业竞争力活跃度的提升。

（四）我国省域服务业竞争力总体提升

对比 2010—2013 年和 2013—2016 年各水平段的省（区、市）个数可以发现，低水平、中低水平区域省（区、市）个数显著减少，分别从 16 个降为 11 个、23 个降为 19 个；同时，中水平，中高水平的个数实现了增长，中水平区域上升最为明显，从 26 个上升为 32 个，提升率达到了 23. 08%；中高水平区域的

省（区、市）个数也由15个上升至18个。而高水平省（区、市）个数没有改变。对比可以看出，在2010—2016年中，我国一定数量低水平、中低水平省（区、市）的服务业竞争力水平在向前靠齐，中水平成为国内各省（区、市）竞争力水平的最常见状态；高服务业竞争力水平省（区、市）的个数没有变动，表明我国服务业竞争力水平的提升仍集中在落后地区，鲜有大突破迈入高水平的省（区、市）。

二、空间马尔可夫状态转移概率矩阵分析

由先前分析可知，各省（区、市）的服务业竞争力水平并不是独立存在的，服务业竞争力水平的变化，不仅仅是源于省（区、市）内部因素的影响，同时也会受到临近省（区、市）的影响。为了更好地反映这种现象，我们采用我国省域服务业竞争力水平的空间马尔可夫状态转移概率矩阵，探究分析周边各省（区、市）服务业竞争力水平对省（区、市）的服务业竞争力水平的影响。

我们的空间马尔可夫状态转移概率矩阵如表9－2所示，其能反映在给定周边省（区、市）的服务业竞争力水平的情况下，各对象从一个状态转移到其他状态的概率。整体而言，周边省（区、市）的服务业竞争力水平会对对应省（区、市）的服务业竞争力水平产生显著的影响。当周边省（区、市）的服务业竞争力水平比自身的服务业竞争力水平要好时，该省（区、市）更有可能向更好的水平状态转移；而当周边省（区、市）的服务业竞争力水平比自身的服务业竞争力水平更差时，该省（区、市）则可能被向后拖动，更有可能向更差的水平转移。

表9－2　　2010—2016年空间马尔可夫状态概率转移矩阵

空间滞后	t/(t+1)	n	2010—2013年					n	2013—2016年				
			1	2	3	4	5		1	2	3	4	5
1	1	12	0.750	0.250	0.000	0.000	0.000	7	0.571	0.429	0.000	0.000	0.000
	2	5	0.000	0.800	0.200	0.000	0.000	9	0.222	0.667	0.111	0.000	0.000
	3	1	0.000	1.000	0.000	0.000	0.000	2	0.000	0.000	1.000	0.000	0.000
	4	0	0.000	0.000	0.000	0.000	0.000	0	0.000	0.000	0.000	0.000	0.000
	5	0	0.000	0.000	0.000	0.000	0.000	0	0.000	0.000	0.000	0.000	0.000

续表

空间滞后	t/(t+1)	n	2010—2013年					n	2013—2016年				
			1	2	3	4	5		1	2	3	4	5
2	1	3	1. 000	0. 000	0. 000	0. 000	0. 000	3	0. 667	0. 000	0. 333	0. 000	0. 000
	2	7	0. 000	0. 571	0. 429	0. 000	0. 000	3	0. 000	0. 000	1. 000	0. 000	0. 000
	3	8	0. 000	0. 125	0. 825	0. 000	0. 000	12	0. 000	0. 167	0. 750	0. 083	0. 000
	4	3	0. 000	0. 000	0. 000	1. 000	0. 000	3	0. 000	0. 000	0. 667	0. 333	0. 000
	5	0	0. 000	0. 000	0. 000	0. 000	0. 000	0	0. 000	0. 000	0. 000	0. 000	0. 000
3	1	1	0. 000	1. 000	0. 000	0. 000	0. 000	1	0. 000	1. 000	0. 000	0. 000	0. 000
	2	6	0. 167	0. 667	0. 167	0. 000	0. 000	5	0. 200	0. 600	0. 200	0. 000	0. 000
	3	14	0. 000	0. 000	1. 000	0. 000	0. 000	13	0. 000	0. 000	0. 846	0. 154	0. 000
	4	5	0. 000	0. 000	0. 000	1. 000	0. 000	7	0. 000	0. 000	0. 143	0. 714	0. 143
	5	4	0. 000	0. 000	0. 000	0. 250	0. 750	4	0. 000	0. 000	0. 000	0. 250	0. 750
4	1	0	0. 000	0. 000	0. 000	0. 000	0. 000	0	0. 000	0. 000	0. 000	0. 000	0. 000
	2	2	0. 000	0. 500	0. 500	0. 000	0. 000	0	0. 000	0. 000	0. 000	0. 000	0. 000
	3	3	0. 000	0. 000	0. 667	0. 333	0. 000	4	0. 000	0. 250	0. 750	0. 000	0. 000
	4	7	0. 000	0. 000	0. 143	0. 857	0. 000	8	0. 000	0. 000	0. 125	0. 825	0. 000
	5	3	0. 000	0. 000	0. 000	0. 000	1. 000	3	0. 000	0. 000	0. 000	0. 000	1. 000
5	1	0	0. 000	0. 000	0. 000	0. 000	0. 000	0	0. 000	0. 000	0. 000	0. 000	0. 000
	2	3	0. 000	1. 000	0. 000	0. 000	0. 000	2	0. 000	0. 500	0. 500	0. 000	0. 000
	3	0	0. 000	0. 000	0. 000	0. 000	0. 000	1	0. 000	1. 000	0. 000	0. 000	0. 000
	4	0	0. 000	0. 000	0. 000	0. 000	0. 000	0	0. 000	0. 000	0. 000	0. 000	0. 000
	5	3	0. 000	0. 000	0. 000	0. 000	1. 000	3	0. 000	0. 000	0. 000	0. 000	1. 000

表9-3统计了2010—2013年、2013—2016年两个时期内，发生的从一个状态转移到另一个非自身状态的次数，并分开统计了其中向更高水平、更低水平转移的次数。

表9-3　邻域省（区、市）不同竞争力水平对转移方向的影响

邻域省（区、市）竞争力水平	1	2	3	4	5
发生的转移总次数	11	13	12	5	2
水平下降	3	5	5	3	1
水平上升	8	8	7	2	1

（一）周围地区对省（区、市）服务业竞争力水平的影响

从我国的地势区域来看，服务业竞争力水平呈现出东高西低的情况，即存在地理上的集群效应。在东部，与中高水平、高水平地区衔接的省（区、市）也大多为中高水平、高水平地区；在西部，与中低水平、低水平地区衔接的省（区、市）也大多为中低水平、低水平地区。由表9－3可以看出，省（区、市）服务业竞争力水平发生转移的次数随着临近省（区、市）服务业竞争力水平的提升而下降，部分原因是高水平、中高水平省（区、市）的临近省（区、市）周围本身就是较为稳定的中高水平、高水平省（区、市）；而低水平、中低水平的省（区、市）周围本身就是较为不稳定的中低水平、低水平省（区、市）。此外，低水平、中低水平、中水平省（区、市）的周边省（区、市）的转移次数中，均为水平上升次数 > 水平下降次数，上升的情况主要发生在低水平与低水平衔接，中低水平带动低水平，中水平带动中低水平、低水平等情况中；而中高水平、高水平地区的临近省（区、市）发生转移次数较少，且在状态上基本呈现出水平上升次数与水平下降次数五五开的情况。

（二）不同竞争力水平省（区、市）空间效应差异

从周围省（区、市）服务业竞争力水平所处的不同状态出发进行横向比较，可以发现，处在不同发展状态的省（区、市）在总体上遵循上述规律的同时，又表现出了一定的差异性特质，相邻地区的发展状态对服务业发展水平处于不同状态的省（区、市）发生状态转移过程中所起的作用各不相同。

1. 服务业竞争力低的省（区、市）地区更容易受到空间效应的影响

由表9－1可以看出，服务业竞争力处于低水平、中低水平的省（区、市），发生转移到非自身状态的概率更大，尤其在周边省（区、市）的服务业竞争力水平高于自身的情况下，产生了大量竞争力水平被带动提升的情况。唯一的一次跳跃式跨级转移也同样发生在这个水平之中。

2. 服务业竞争力高的省（区、市）不容易受到空间效应的影响

由表9－1可以看出，服务业竞争力处于中高水平、高水平的省（区、市），发生转移到非自身状态的概率极小，大多数转移至自身原本的水平。只有极少数省（区、市）在周边省（区、市）处于低于自身水平时会发生下降式转移。这在一定程度上与我国的服务业竞争力的集群效应有关，大多服务业竞争力水平较高的省（区、市）集中在东部、东南部沿海地区，地区整体服务业竞争力

较为发达，较少存在拖低的情况。

3. 服务业竞争力的空间效应逐渐增强

服务业竞争力水平较高的省（区、市）本身稳定性较强，不容易发生状态转移。而放眼服务业竞争力水平较低的省（区、市）会发现，2013—2016 年期间发生的提升式的状态转移的次数大于 2010—2013 年期间，2013—2016 年期间，更少的省（区、市）会停留在自身原本所处的水平状态内。产生该现象的原因可能为在供给侧改革的背景下，我国各省（区、市），尤其是服务业竞争力本身就较低的西北地区、西南地区，增强了区域性合作，相互弥补，共同富裕，实现共同进步，一定程度上促进了上述的空间效应随时间增加的提升。

第二节　地方时空演变过程

一、传统马尔可夫转移概率矩阵分析

（一）低水平地区的演变过程

对于国内服务业竞争力处于低水平的如甘肃、青海、新疆等省（区、市），在 2010—2013 年期间，其保持原状态的概率为 75%，这一概率在 2013—2016 年期间下降到了 54.5%。在该服务业竞争力水平的地区中，进步省（区、市）的个数在近几年得到了显著的提升，2013—2016 年中甚至产生了一次由低水平向中水平的跨级跳跃式提升，这也是 7 年里全国唯一一次实现跨级跳跃式提升的情况。总体而言，服务业竞争力处于该水平的省（区、市），均有较大的比例实现进步，且该比例随时间的推移在逐渐增大。

（二）中低水平地区的演变过程

对于国内服务业竞争力处于中低水平的陕西、四川、广西等省（区、市），在 2010—2013 年期间，其保持原状态的概率为 69.6%，而状态提升至中水平的概率为 26.1%，这一概率甚至大于由低水平转向中低水平的概率，表明在此期间，中低水平地区的服务业竞争力水平积淀更多，更容易产生进步的情况。而同时，2013—2016 年期间，保持原状态的概率仅为 52.6%，为 7 年中所有状态中的最低值，表明在此期间，有将近一半的处于该状态的省（区、市）会发生进步或退步的情况，其转移到中水平的概率为 31.6%，是一个非常可观的数字。综上而言，两个时间段内，服务业竞争力处于中低状态的省（区、市）均有较大的动力和概率向上提升。

（三）中水平地区的演变过程

中水平在各时间段内均为占比最大的阶段，在 2010—2013 年时间段中，服务业竞争力在中水平的省（区、市）达到了 26 个，占比为 28.9%，该数据在 2013—2016 年期间更是达到了 32 个，占比为 35.6%。对于国内服务业竞争力处于中水平的重庆、湖北、山西等省（区、市），大多会在对应时间段内仍处于中水平，此时，两个时间段内，所处阶段得以提升的省（区、市）比例均小于所处阶段下降的比例。尤其在 2013—2016 年期间，服务业竞争力在中水平的省（区、市）发生了 4 次下降的状态转移，表明处于低水平、中低水平的省（区、市）步入中水平后，部分省（区、市）不能很好地维持状态，在接下来的时间里产生了下降的情况。

（四）中高水平地区的演变过程

对于国内服务业竞争力处于中高水平的天津、浙江、福建等省（区、市），在 2010—2013 年期间，有 93.3% 的状态没有发生任何转移，该时间段的该状态为 7 年里最稳定的。在此期间，处于该水平的省（区、市）没有发生任何提升的转移，唯一的转移为下降的转移。而在 2013—2016 年期间，保持原状态的转移概率仅为 72.2%，同时产生了 4 个下降的状态转移和 1 个上升的状态转移。总体而言，服务业竞争力水平处于该状态的省（区、市）状态较为稳定，但在 2013—2016 年期间存在部分下降的情况。

（五）高水平地区的演变过程

对于国内服务业竞争力处于高水平的上海、江苏等省（区、市），在任何一个时间段内均表现得较为稳定，在两个时间段内，均有 90% 的概率停留在高水平状态，仅有 10% 的概率转移到中高水平的状态。总体而言，高水平省（区、市）处于一个“严进严出”的状态。

二、空间马尔可夫状态转移概率矩阵分析

（一）低水平地区的演变过程

对于服务业竞争力水平处于低水平的甘肃、青海、新疆等省（区、市），其

受周边省（区、市）影响较大。在2010—2013年期间，当低水平省（区、市）的周边省（区、市）同样处于低水平时，其有25%的转移会从低水平转向高水平；当周边省（区、市）处于中低水平，其停留在原状态的概率为100%。当服务业竞争力水平处于低水平的省（区、市）地区周边是中水平地区时，空间带动效应则很好地发挥了作用，状态处于中水平的省（区、市）有100%的概率带动低水平状态的省（区、市）进步为中低水平状态。同时，由于我国的服务业竞争力水平存在空间上的集群效应，不存在低水平省（区、市）临近中高水平、高水平省（区、市）的情况。

而在2013—2016年期间，周边省（区、市）的空间带动作用则变得更加明显。在此期间，当低水平省（区、市）的周边省（区、市）同样处于低水平时，其服务业竞争力水平有将近一半的概率（42.9%）的由低水平提升至中低水平；当周边省（区、市）为中低水平状态时，带动作用变得更加显著，该情况下，低水平地区有33.3%概率直接跳跃式升至中水平状态，这也是所有低水平地区转移中唯一一次跳跃式跨级的状态转移；当低水平地区周边省（区、市）为中水平时，同样有10%的概率提升至中低水平，带动作用同样明显。

总而言之，服务业竞争力水平处于低水平的省（区、市），极容易受到周边省（区、市）的影响，周边的省（区、市）水平越高，原地区的提升可能性越大；随着时间的推移，带动效应也在一步一步地增强。

（二）中低水平地区的演变过程

国内服务业竞争力处于中低水平的陕西、四川、广西等省（区、市），受周边省（区、市）影响比低水平更大。在2010—2013年期间，即使是周边地区处于低水平状态，其仍有20%的概率从中低水平提升至中水平。当周边省（区、市）同样为中低水平时，其状态提升至中水平的概率上升至42.9%，意味着有将近一半的中低水平地区在该情况下可以提升为中水平；当其周边的省（区、市）处于中水平时，仍有16.7%的概率从中低水平提升至中水平；当周边的省（区、市）处于中高水平时，马尔可夫空间状态转移矩阵中的数字则变为50%，这是一个非常可观的数字，说明在此阶段，中高水平地区对于中低水平地区的带动作用极强；当中低水平地区的周边省（区、市）处于高水平时，由于我国的服务业竞争力水平的集群效应，符合该情况的省（区、市）数量较少，没有一例发生转移的情况。

在2013—2016年期间，服务业竞争力水平处于中低水平的地区同样受到了相邻省（区、市）较为显著的空间效应的影响。当周边省（区、市）处于低水平状态时，有22.2%的概率受到周边省（区、市）的负面影响，从中低水平状态降低至低水平状态，但也同样存在11.1%的概率从中低水平状态提升至中水平状态；当周边省（区、市）为同样的中低水平时，中低水平地区则有100%的概率提升至中水平状态；当周边省（区、市）服务业竞争力水平为中水平时，中低水平地区提升的转移概率为20%，降低的转移概率也同样为20%；当周边的省份地区处于高水平时，中低水平地区同样有50%的概率提升至中水平，同时有50%的概率停留在原状态，与此同时，不存在中低水平地区临近省（区、市）为中高水平地区的情况。

总而言之，服务业竞争力水平处于中低水平的地区，同样非常容易收到临近省（区、市）服务业竞争力水平的影响。尤其当周边省（区、市）同样处于中低水平的状态时，其服务业竞争力水平提升的概率极高，在2010—2013年期间达到了42.9%，在2013—2016年期间更是达到了100%。同样地，随着时间的推移，这种空间影响效应也在增长。

（三）中水平地区的演变过程

国内服务业竞争力处于中水平的重庆、湖北、山西等省（区、市），受到空间效应的影响则是负面居多。在2010—2013年期间，当周边省（区、市）为低水平时，仅有的一例转移为从中水平降低至中低水平；即使是周边省（区、市）处于中低水平，中水平地区的服务业竞争力水平同样有12.5%的概率降低至中低水平，有87.5%的概率停留在中水平，而提升至更高水平的概率为0。当服务业竞争力处于中水平的地区周边同样是中水平时，在多达14次转移中，全部停留在中水平，没有一例提升或下降的情况。只有在周边省（区、市）处于中高水平状态时，才存在一例从中水平提升至中高水平的转移。同时，在该时间段内不存在服务业竞争力水平周边的省（区、市）为高水平地区的情况。

在2013—2016年期间，周边省（区、市）的带动效应大多表现为负作用。当周边省（区、市）处于低水平状态时，仅有的2例转移均为停留在中水平状态；而当周边省（区、市）处于中低水平时，则有16.7%的概率从中水平降低为中低水平，同时仅有8.3%的概率提升至中高水平，服务业竞争力水平降低的概率大于提升的概率。当周边省（区、市）同样处于中水平时，有15.4%的概率从中水平提升至中高水平，有84.6%的概率停留在中水平；当周边省（区、市）处于中高水平时，反而有25%的概率降低至中低水平，此时的服务业竞争力水平提升的概率为0；而在仅有的一例周边省（区、市）为高水平的情况中，从中水平转移至中低水平，降低概率为100%。

总而言之，服务业竞争力处于中水平的地区受到周边省（区、市）的服务业竞争力水平影响较小，大多情况下，仍保持在中水平。但在受到影响的情况下，转移大多为向中低水平的下降式转移。在2010—2013年期间，中水平地区共发生了26次转移，其中仅有一次转移为提升性质的转移；在2013—2016年期间，共发生了32次转移，仅有3次转移是提升性质的转移。可以说，服务业竞争力处于中水平的省（区、市）较少受到空间效应的影响，而影响大多体现在负面影响上。

（四）中高水平地区的演变过程

国内服务业竞争力水平处于中高水平的天津、浙江、福建等省（区、市），大多本身的服务业竞争力水平就较为稳定，但受到的周边空间效应影响也大多为负面影响。由于我国服务业竞争力水平存在集群效应，在2010—2013年期间，服务业竞争力水平处于中高水平的地区周边不存在低水平地区；当周边省（区、市）为中低水平和中水平时，中高水平地区的服务业竞争力水平并没有受到空间效应的影响，8次转移均回到了原状态；当周边省（区、市）同样为中高水平状态时，则有14.3%的概率从中高水平降低到中水平，有85.7%的概率停留在中高水平状态；在此时间段内，不存在中高水平地区的临近省（区、市）是高水平地区的情况。

在2013—2016年期间，同样不存在服务业竞争力处于中高水平的地区周边有低水平地区的情况；而在此期间内，当周边省（区、市）为中低水平时，地区的服务业竞争力水平有66.7%的概率降低为中水平，此时空间效应显著为负作用；当周边省（区、市）为中水平时，地区服务业竞争力水平有14.3%的概率降低为中水平，有14.3%的概率提升为高水平，有71.4%的概率停留在中高水平；当周边省（区、市）同样为中高水平时，共有8次转移，其中7次均停留在中高水平，而存在1次降低为中水平的情况；在2013—2016年期间内，同样不存在服务业竞争力处于中高水平的地区临近省（区、市）是高水平的情况。

总体而言，由于服务业竞争力处于中高水平的地区本身较为稳定，其受到的空间效应影响较小，在2010—2013年期间发生的共15次转移中，有14次转移是停留在中高水平本身，比例达到了93.3%；而在2013—2016年期间发生的共18次转移中，有13次转移是停留在中高水平本身，比例达到了72.2%；在仅有的6次转移中，仅有1次转移提升至高水平，其余5次转移均降低至中水平，降低的比例为83.3%，可见服务业竞争力处于中高水平的地区中，在过去的7年里大多停留在本身的水平区域，整体而言较为稳定，而空间效应导致部分临近更低水平地区的省（区、市）出现了服务业竞争力水平下降的情况；由于各期间内不存在临近中高地区的高水平地区，故不存在高地区带动的提升型空间效应。

（五）高水平地区的演变过程

对于国内服务业竞争力处于高水平的上海、江苏等省（区、市），其2010—2013年与2013—2016年两个时间段内的空间状态转移概率矩阵表现完全一致。在两个时间段内，由于我国服务业竞争力水平的集群效应，高水平地区周边不存在低水平和中低水平地区；当周边省（区、市）处于中水平时，受到空间效应的影响，在两个时间段内，高水平地区均有25%的概率转移为中高水平地区；当周边省（区、市）处于中高水平、高水平时，则高水平地区有100%的概率停留在高水平。

总体而言，在两个时间段内，服务业竞争力处于高水平的地区均不容易受到空间效应的影响而转移到非自身水平的区域，在两个时间段内分别发生的10次转移中，仅在周边省（区、市）处于中水平的情况下，各发生了一次由高水平转移至中高水平的情况。

第十章　结　　论

第一节　主要结论

一、我国服务业总体处在中等水平，发展力竞争力稳步提升

在 2008 年金融危机之前，拉动我国经济发展的是以能源产业和制造业为主的第二产业；在全球金融危机之后，我国政府及央行为短时间内防止系统性风险，通过“四万亿计划”、调低利率等措施以达到“量化宽松”的目的。这一系列紧急救市的行为虽然对短期内缓解危机有积极作用，但是也一定程度延缓了我国产业转型、淘汰落后产能的步伐，客观上使得第三产业的发展空间与机遇被本该缩减的第二产业挤占。这一原因一定程度上导致了我国目前整体服务业仍处于中等水平的局面。

在金融危机几年后，国家进行了产业结构调整，淘汰落后产能，提倡“大众创业，万众创新”，鼓励发展第三产业。在这一时期，我国各个地市的第三产业得到了快速发展，较之以往更为便利易得的融资渠道使得各类小微企业有了发展壮大的机会。而量化宽松政策又显著地促进了房地产业的发展。有地域优势、政治资源优势、人口优势的传统经济发达地区抓住这次机遇，极大地发展了区域内的服务业；拥有中等地域优势、人口资源的省市一定程度上发展了所在地区的服务业；经济基础薄弱、人才引进能力弱的地区则没能把握机遇大力发展服务业。这一阶段全国各地区服务业的发展速度差异显著，并迅速拉大差距，除极具优势的几个省（区、市）和极具劣势边境的区域外，其他区域基本处于中等水平小幅波动状态。

在本书所研究的时间区间内，全球的经济总体上来讲并没能摆脱 2008 年全

球金融危机的阴影。除美国在动用金融手段迫使多国帮助其分担债务并依靠发达的服务业达到经济复苏状态以外，欧洲、日本、东南亚、中国等都普遍面临着经济形势不乐观的局面。在金融危机之后，我国的进出口额大幅下跌，未能较快恢复，政府提倡的“供给侧改革”、扩大内需等为我国的第三产业发展提供了一定动力。但受制于宏观经济发展状况，第三产业未能在经济不景气、企业投资回报率普遍不高、内需未充分开发的情况下实现腾飞。在我国政府的扶植下，我国整体服务业发展态势稳健，但没有突飞猛进地发展，地区间不存在跨越式发展。

二、专利创新把控服务业发展命脉，金融科技是核心竞争力

通过熵权法进行计算，在影像服务业发展力的各三级指标中，专利申请数在研究范围内的所有年份中比重均最大，此外，城镇居民人均可支配收入、金融机构本外币存款余额和服务业增加值等三级指标同样对服务业发展力水平影响较大；与此同时，工业化率、城镇化率等指标，在影响服务业发展力的三级指标中占比较低。

在服务业竞争力方面，金融业、每百人互联网接入数、专利申请授权数三个指标在各年份中权重均较大。

由此可见，科技创新、金融业局势和居民收入水平是影响一个地区服务业发展力、竞争力的最为重要的几个指标。在 2009 年之后，还能够保持快速发展势头、前景广阔的行业是金融业、互联网业和房地产业。在全球经济尤其是我国主要出口对象——欧洲、日本经济不景气的情况下，我国传统工业产品出口量大减，互联网业在此时成为拉动内需、带动经济增长的引擎。步入 2010 年以来，我国进入了“互联网科技”飞速发展的时代，互联网凭借其高速的科技迭代和无处不在的创新式服务，一举跃升为过去几年我国最为炙手可热的行业，其中百度、阿里、腾讯在互联网行业逐步形成三足鼎立的局面。百度独霸搜索引擎领域；阿里由 B2B 转向 B2C，刺激了内需，也一定程度上促进了传统制造业的发展和转型，同时重塑了物流行业，还催生了一批创业企业；腾讯则不断对通信方式做出新的定义。互联网支付的需求还催生了互联网金融业，为消费者提供方便的同时也为中小企业者提供了易得的资金来源，更深刻地影响了我国的信贷市场、银行业和金融改革的方向。从行业的角度上看，这样的势头鼓

励了科技的发展，越来越多的地方和企业愿意将更多的资本投入到科技创新中。一个好的、成功的科技公司，能迅速地带动一个地区的服务业的发展，而在未来，科技公司的数量、水平、创新能力、专利生产等因素也会对一个地区的服务业发展力产生长远的影响。从居民的角度看，每百人互联网接入数的提升能给科技型企业、互联网服务型企业带来更大、更稳定的用户和收入来源，是互联网行业的潜在内需群体，促进了地区的科技企业的发展。

此外，金融业作为传统的服务业的重要力量，依然是一个地区服务业的核心竞争力，服务业竞争力靠前的省（区、市），如上海市、北京市、广东省无一不是金融大省（区、市），同时，金融业同样保持着对一个地区服务业发展力的较大影响作用。尤其是在2009年以后，量化宽松政策中的货币政策主要通过各大商业银行对各地企业产生影响，此时金融业的发展程度对一些地区的服务业发展就显得尤为重要。一个区域内服务业发展的过程是诸多小微企业从无到有发展壮大的过程，而在小微企业的发展中，信贷是至关重要的一环。发达的金融业不仅能为诸多新兴企业提供资金服务，还对房地产业有举足轻重的影响。而居民可支配收入的提升，让居民能在满足日常生活刚需之外，将更多的收入用于金融投资、精神消费、娱乐消费等服务行业，可以说，居民收入的增加同样能带动一个地区的服务业的发展。

三、优势梯队稳定，落后梯队差异较大

根据各省（区、市）服务业发展力得分，我们将全国各省（区、市）分为三个梯队，可以得到：第一梯队，如江苏省、广东省等排名稳定，优势明显；第二梯队，如浙江省、山东省、北京市等发展稳定，各有特点；第三梯队包含了云南省、海南省、青海省等大量地区，竞争较为激烈，发展潜力巨大。在梯队的划分中，我们不难看到政策支持的影子。第一梯队中大多是受益于改革开放的省（区、市），在长期的经济发展中积累了充分的产业资源，同时地方财政状况稳健，能够为经济转型提供有力支撑。第二梯队中，许多省（区、市）是近十年快速发展起来的，受益于金融危机后的“大水漫灌”，依托人口数量及素质优势，发展互联网、房地产、金融业，从而在产业转型上实现快速发展。第三梯队则多少有先天或后天的不足，有的是长期与政治资源红利隔绝，难以获得大量国家资源的扶植；有的是旅游资源发达，但地方政府与企业发展思路局

限多，只有旅游产业这一单一支柱，没能利用资源和地方财政发展其他有竞争力的产业，未进行产业升级；有的具备天时地利人和，但受宏观经济状况影响，被投机资本重点关注，以至于各项政策与发展规划被叫停。

一直以来，广东省和江苏省都是全国范围内 GDP 的“领头羊”，得天独厚的地理条件、厚重的历史积淀、宽松的开放政策等因素让两个省比其他省（区、市）提前开始了“行业转型”，重视第三产业的发展。广东省临近香港和澳门特别行政区，商业和贸易发达，更多居民愿意关注第三产业的投资和消费。从时间序列数据上看，两省的服务业发展势头比早几年略有下降，但依然保持着强劲的势头，其中，广东省的发展比江苏省更为强劲。第二梯队中，浙江省和上海市同样具备好的地理优势和居民意识。浙江省现有的发展规模和质量均在第二梯队中领先，阿里巴巴这一互联网巨头的存在更是极大地促进了浙江境内互联网行业的发展，还带动了自身及周边省（区、市）相关第三产业的转型与完善。上海凭借区域内的诸多高校与高质量劳动力，同时注重人才引进，促进了数量大、覆盖面广的互联网、科技、金融、咨询等行业的崛起，具备第二梯队最大的发展潜力。在第三梯队中，天津市、湖北省、湖南省等较为依赖第一、第二产业的省（区、市），在研究的时间段内服务业发展较为稳定，处于产业转型阶段；沿海的福建省则受到临近省（区、市）的影响更早地开始了服务业的发展。此外，中部、西部等地区，由于交通等因素，没有良好的服务业发展条件，仍处于发展低且慢的阶段。总体而言，第三梯队的发展竞争激烈，差异较大。

在竞争力方面，将各省（区、市）分为五个梯队；服务业竞争力较强的第一与第二梯队中，各省（区、市）变动较小，大体上保持着强劲的竞争势头。处于领先梯队的各省（区、市）均有各自的优势，例如江苏省在专利申请数上一骑绝尘，而广东省的 R&D 占比表现较好，北京、上海两地的互联网用户众多，为两个地区的科技服务企业发展奠定了基础。对于落后的第四、第五梯队而言，既存在云南、甘肃这类长期保持在排名末端的省份，也存在陕西、四川等具备竞争潜力的省份。整体而言，落后梯队的差异较大，依然存在部分增长的可能。

四、区域差异显著，服务业大省作用显著

根据国务院发展研究中心提出的八大综合经济区域，将我国服务业发展力

和竞争力情况分为八个地区进行研究分析，可以得到：无论是在发展力还是竞争力方面，经济区域内部的不同省（区、市）间均存在着两种较为典型的发展模式——多头并进型和龙头拉动型。多头并进型主要为地区发展较为平衡的地区，其中东部沿海经济区、长江中游经济区最为显著，两个地区的省（区、市）服务业情况接近，形成了一个地区内多个省（区、市）齐头并进的现象，区域内有成熟的产业集群，不同企业之间能够在产品制造、服务供给甚至金融资源方面协同合作、互相帮助，形成了良好的区域内互帮互助氛围。南部沿海经济区、东北经济区，则出现了典型的龙头拉动现象，广东和福建的高速发展带起了广西、海南等地的服务业发展。东北地区也同样出现了辽宁省龙头拉动现象。龙头拉动模式的背后反映的是一个区域服务业资源的有限，在服务业这一领域没有足够的资源形成“共同富裕”，于是选择“先富带动后富”的模式，首先集中资源发展重点城市、省会城市的服务业，然后依托省会城市的行业优势辐射周边地市，力求在一个区域内逐步培养出规模型产业集群。

从经济区域外部对比来看，整体而言，服务业的发展情况和竞争力水平均由东南沿海向西北地区递减。东部沿海经济区、南部沿海经济区均为科技行业、金融行业等产业喜爱的驻扎地，长三角经济区的联动，让近年来越来越多的服务业企业坐落于此，发展规模大，质量高，潜力突出；北部沿海地区中，北京、天津两地靠近政治中心，政策偏好型金融企业同样乐于在此落地，此外，北京有着大量服务业企业的总部的支撑，发展规模较大，结构合理，质量和潜质同样优良。整体而言，不同经济区域的服务业发展力和竞争力差距较大且均较为稳定。

五、空间相关性显著，相互正向促进

通过空间相关性检验，可以验证我国各地区内，相邻省（区、市）之间存在正向的相互影响关系。长三角地区，相连的服务业发展力较高的省（区、市）给了众多服务业行业充足的发展空间，在上海依托发达的金融、信贷体系设立公司或创业的同时还能满足临近省（区、市）的大量需求并吸引临近省（区、市）的优质劳动力，既保证了收益，又保证了反应速度，这让东部沿海经济区有着对服务业更大的吸引力。而浙江省内超级企业阿里巴巴的出现带动了省内、省间互联网行业和相关服务业的发展，更辐射了江浙沪三角相关新兴产业的崛起。江苏省则有着卓越的文化氛围和诸多优质高校，能够为区域内的发展源源不断地提供大量优质人才。江苏各地级市的产业集群也各有特色，文化氛围浓厚，有发展服务业的良好土壤。长三角地区三省市在产业结构、经济、政治、人文资源上各有优势，同时又善于整合区域内资源，协调配合，互相促进，呈现出良好的发展前景。

南部沿海经济综合区内，各省（区、市）依靠地理优势形成了商业贸易区域，更多的产业愿意由此进入国内市场，彼此之间正向影响，带动了彼此的服务业发展。由于对外贸易发达，南部沿海也极容易接受新思想、新行业，积极吸纳来自全国各地、世界各地的人才。深圳市的互联网巨头腾讯的发展催生了许多与之相关配套的，诸如游戏产业、平台经济的创业型企业。在过去的十年间，深圳政府推出人才引进、落户优惠政策吸引全球各地优质人才前来创业，催生了大量的新兴企业和亿万富翁。同时，实业的发展腾飞还带动了区域内互联网行业的发展和金融产业的创新与壮大。

拥有完善工业体系的东北，虽然受到全球金融危机后第二产业商品出口量严重下跌，去产能过程中诸多钢厂、铁厂合并倒闭等事件的冲击，在本土企业效益下降的情况下人才部分出走，但仍依托其历史遗留的优质教育资源和优质地理位置在第三产业领域有所发展。在东北振兴计划的影响下，东北经济区一直呈现出共同体的迹象。辽宁省地理上沿海，依托传统产业集群优势和积累的高端人才优势，相对其他省而言更适合服务业的发展，东北地区的服务业发展围绕辽宁展开。

西北经济区在发展第三产业的过程中不具备地缘、文化教育、传统产业集群积累、地方政府财政、人才质量等优势，较多地依靠政策红利。“一带一路”倡议对沿途地区的第三产业起了促进作用，带动了西北经济区的空间相关性，可见该地区未来可以在政策的带动下，共同进步，共同提升西北经济区服务业发展力水平。

各区域大体上呈一种区域间割裂、区域内抱团的发展态势。能够实现区域内正向促进的经济区大致有以下特点：一是区域内的各省（区、市）各有优势，受历史原因影响，有产业资源积累或文化氛围积累；二是区域内省（区、市）间能够取长补短，已经形成互帮互助的氛围；三是文化一体，区域内各省（区、市）居民对经济区的存在有高度认同感。一个具有长久优势的经济区通常是上述几个特点的综合体。需要强省带动弱省的区域特点为：一是受历史原因影响或地理位置影响，区域内一些省（区、市）有无法弥补的严重短板，比如治安较差、产能落后、教育资源欠缺；二是区域整体资源有限，只能先集中发展具备一定发展力或竞争力的省（区、市）。

六、政策干涉抑制服务，科技投入促进发展

在进行了空间相关性修正后，通过分析回归模型得到各因素对于服务业发展力的影响。

政府财政水平的影响力是最大的，呈现出显著的负相关关系，即政府财政支出占比越高，地区的服务业发展力水平越低，可见服务业发展力水平具有市场导向而不是政府导向的特征。当然这也与我国“量化宽松政策”有许多不足之处有关。比如宽松的财政政策在短期内兜底了第二产业，使得传统的煤、钢大省在短时间内继续蓬勃发展，不过第二产业的发展对于第三产业的发展没有明显的促进作用。随着时间的推移，产业结构落后的问题日益显著，政府去产能的举措对于传统能源、建材大省整体经济和政府财政的冲击都是巨大的，此时该区域内的第三产业也受到省内、区域内经济影响，呈现颓势。而宽松的货币政策则通过银行，流入了房地产业，虽然房地产本身的增长短时间内促进了第三产业的发展，但是通货膨胀带来的过高的房价对于区域内的创业企业产生了严重的挤出效应，长时间而言不利于区域吸引、留住高质量企业和人才。因此，在经济危机之后，对区域内第三产业过多干涉的省（区、市），不一定对区域内的服务业产生了积极影响。

在广东省、浙江省、江苏省等地，政府的财政支出较少，即对于市场的干预更低，为服务业的发展提供了更好的环境；西北经济区的青海省等地，由于发展的需要，政府不得不将部分财政支出用于扶持部分非服务业的地方产业，服务业不具备快速发展的环境。

税负水平影响着服务业发展水平，与服务业发展力呈负相关。当一个地区税负水平较高时，意味着居民预期收入的下降，居民会将注意力更多地集中在存款、刚需消费等方面，减少对于服务业消费的支出，一定程度上抑制了服务业的发展。我国东部沿海地区和南部沿海地区都先后采取了税制优惠政策，鼓励了居民对于第三产业的消费。而不同行业在进出口时受到的纳税优惠各不相同，服务业行业优惠政策力度较大的地区，更适合服务业行业的发展。

工业发展水平与服务业发展力呈现负相关的关系。工业发展水平决定着第二产业的发展。虽然第二产业仍是我国的第一大产业，但在部分沿海发达地区，部分省（区、市）已经开始进行行业结构改革，鼓励第三产业发展，取代第二产业的支柱地位；而东北等地区，较为依赖工业产值，减少了服务业的发展空间。

科技投入水平与服务业发展力呈现正相关的关系。科技投入水平推动着一个地区的科技发展，当前环境下，科技的发展可以极大地提升一个服务行业公司尤其是科技公司的生产力水平，从而促进一个地区的服务业发展。我国南部沿海地区的深圳市，东部沿海地区的上海市，北部沿海地区的北京市，均为科技投入水平较高、鼓励科技发展的地区，投入带动了地区服务业的发展。

在服务业竞争力方面，市场化水平和每百人互联网接入数起了极大的正向影响。服务业企业大多为非集体制、非国有企业，市场化水平越高的地区，集体制、国有制企业占比越低，为服务业提供了更好的土壤，我国的东部沿海地区、南部沿海地区均具备如此优势。

此外，住宿和餐饮业、金融业、交通运输仓储和邮政业三个行业均与服务业竞争力正向相关；三个行业均为常见的服务型行业，对应行业的水平提升意味着一个地区的服务业长期环境的提升，可以使得该地区更具备长久的竞争力。

七、服务业难以跳跃式增长，邻近省（区、市）影响力逐年增强

通过时空演变分析可以得到各省（区、市）的服务业发展力水平或竞争力水平向更高或更低等级跳跃的概率。

各地区的服务业发展力、竞争力水平均难以跳跃式增长，各状态省（区、市）转换为其他状态的概率大都小于保持原有状态的概率。对于大部分省（区、市）而言，状态发生改变并非常态。同时，产生跨等级的跳跃的概率极低。地区的服务业发展水平和竞争力不是一朝一夕形成的，是政策因素、地理因素、消费者偏好等因素长期影响下的结果，例如东部沿海地区、南部沿海地区在改革开放政策的多年影响下，加上沿海的地理条件和居民的生活观念转变，才形成了如今的服务业环境。这样的多年积累难以在短期产生较大的跨越式的变动。

此外，考虑邻近省（区、市）的影响时，服务业发展力水平本身较低的省（区、市）之间虽可以产生影响，但由于各自水平较低，难以产生状态转移。考虑到我国中西部地区有着较多中低水平、中水平的地区，该范围内的省（区、市）深入内陆，对外贸易等商业行为较少，从而使得彼此间的影响较为显著。中低水平地区容易受到中水平地区的影响而产生水平状态的提升，中水平地区则容易被邻近地区拉低服务业发展水平。高水平地区，尤其是东部沿海地区和南部沿海地区，在内部，邻近省（区、市）大多也具备较好的服务业发展水平，经过良性循环保持高水平的服务业发展力；在外部，沿海的地理条件使得该水平地区的服务业发展力水平还受到境外的影响。两种作用力下，服务业发展力处于高水平的地区不易发生状态变化。

总体而言，无论是对于服务业发展力还是竞争力，尽管状态变动不是常态，但可以看到在各政策的鼓励下，邻近省（区、市）之间的联动逐年增强。

第二节　政策建议

一、适度政策干预，鼓励科技发展

从上文分析中可以看到，过度的政策干预会影响一个地区的市场化水平、居民预期消费等因素，不利于服务业的发展和竞争力的提升；而适度的政策如部分优惠的税负政策等，可以促进一个地区的部分行业的发展，鼓励居民消费。

无论对于服务业发展力还是竞争力而言，科技的发展、互联网的普及无疑起到了极大的促进作用；一个地区想要改善本地的服务业土壤环境，鼓励科技行业的发展是一个长久之计；对于工业发达甚至产能过剩的中部地区、东北地区等地，设置优惠政策鼓励科技公司入驻、设置落户政策鼓励具备新兴技术的人才到来、加大对于创新型人才产出的奖励鼓励创新、为居民提供优惠的互联网接入服务以提升互联网覆盖面、加速转型将地区发展的重心从工业向服务业偏离，均能提供更好的科技行业发展环境进而促进服务业的提升。

二、利用地区优势，增加地区合作，实现共同增长

通过上文分析中，我们可以得到，我国各地区的服务业发展力和竞争力具有：高水平地区稳定，低水平地区差异，空间影响显著且逐年递增，各地区优势不同的特点。

因此，服务业的发展力和竞争力处于高水平的地区，如东部沿海地区、南部沿海地区，各省（区、市）之间应该利用好彼此之间的优势领域，强强联手，打造综合服务行业发展示范区。例如，上海拥有庞大的金融业实力和沿海的地理优势，江苏省具备全国领先的互联网普及水平和专利创新能力，浙江省具备合理的产业结构和发展潜力，地区与地区之间利用各自优势，形成强有力的联动，共同发展，保持整个地区的服务业领先地位。

西北、西南、东北等服务业较为落后的地区，可以考虑通过政策鼓励等形式，结合地区的特点，在一个省（区、市）内鼓励企业入驻、人才落户，鼓励互联网普及，为该地区搭建发展先动环境，使得辽宁、四川等省（区、市）的服务业先发展起来。在“一带一路”倡议引领下，我国各地区尤其是西部地区的空间效应正在逐年增强，让先发展起来的省（区、市）将部分行业下降至邻近省（区、市），带动邻近省（区、市）服务业提升。

三、以人为本，注重教育与人才引进

服务业是人力推动的第三产业，区域内人口数量和质量是一个区域服务业发展的根本。互联网业、房地产业、旅游业、金融业和物流业都是目前难以实现自动化的、需要靠人力推动的产业。高质量的人口既为服务业提供优质劳动力，也为服务业提供高端需求。每百人互联网接入数、房产销量、旅游人数、居民储蓄等都是人口数量和质量的衍生品。

人才是服务业发展力、竞争力、创新力的根本。各个区域在注重人才引进的同时也应注重对自由人才的培训与再培训。区域对人才的吸引力受多个因素影响，比如教育水平、发展前景、落户政策、产业集群、工作机会、房价等。短期内能够增加对人才吸引力的举措是优化落户政策、购房政策，复制新兴产业，创造就业机会等，需要长期投资的是区域内的教育与再教育。考虑到人才

引进成本高、代价大，而许多地方政府财政紧张，培养自有人才并增大对本地人口的吸引力是区域服务业长期向好发展的必经之路。教育投资的举措包括增大对区域内高等院校的投资与其他资源支持，通过税收等政策鼓励区域内公司为员工提供再教育、再培训机会等。

四、鼓励企业积极尝试，发展新产品，扩大内需

在全球金融危机之前，我国的互联网行业只能算是刚刚起步。在2009年之后，我国传统第二产业受到出口量锐减的冲击，以阿里、腾讯为首的诸多互联网企业依托产品创新，勇于试验、不断改进，推出多种产品，拓展了内需，开发出新兴的市场。

以腾讯为例，在2009年之后，腾讯重新定义了用户间的链接方式，为互联网通信行业寻找到了新的变现途径，更推动了即时通信市场的扩展并逐步取代了传统的邮箱。而阿里的发展壮大同样离不开大胆的创新和前卫的产品定义。双十一购物节起先只是B2C的尝试，却始料未及地发展为我国目前最有影响力的促销节。而支付宝在诞生之初也饱受争议，在发展的过程中受到了来自各方面的压力。但是这一在当时看来前卫的付费方式推动了我国互联网金融的发展，也是我国目前最成功的互联网金融产品之一。

腾讯、阿里的发展壮大也间接改变了我国地域互联网资源的分配模式。我国的互联网中心从北京的一枝独秀，变成了北京、深圳、杭州齐头并进。腾讯和阿里两大互联网企业几乎以一己之力带动了自身及周边地区的相关产业发展。

互联网在过去的十年中是服务业中发展势头最猛的新兴行业，在接下来的十年中也仍将是带动经济发展的主力之一。通过上述分析我们不难发现，许多热门产品在产生之初是不被看好的，但正是这些大胆前卫的新产品开发了之前没有被广泛认知的新市场，在我国经济不景气，经济全球化受阻，各国贸易保护主义盛行的情况下，扩大了我国的内部需求，为后来的创业企业提供了良好的发展环境。

五、服务业的发展是长期过程，需要持续稳定的投入

根据本书结论我们不难看出，各省（区、市）的服务业的竞争力和发展力

都是稳步发展，很难实现跨越式的突飞猛进。这就意味着各区域内的政府在鼓励、帮助区域内服务业发展时不能急功近利，要做好打持久战的准备。

区域服务业的发展需要产业集群与诸多基础设施、政策的配合。以互联网为例，一个区域内新兴互联网企业的出现与壮大，需要合理的人才引进政策、发达的信贷市场、政策的支持和区域内足够多的内需等因素的共同作用。服务业的发展不是一蹴而就的，不能靠短时间内的大量投入就得到飞跃式发展。

在扶持第三产业的发展中，首先要做好基础性服务，如基础性建设、人才引进、政策保护等，在服务业的逐步发展过程中还要不断查漏补缺，加强服务业内各行业的联系，形成产业集群，形成行业内良性竞争与行业间协同合作的发展模式。

六、整合区域资源，结对重点帮扶

根据上文分析我们发现，不同区域服务业发展程度差异显著，区域内各省（区、市）间影响力不断增大。面对这一趋势，区域内各省（区、市）政府可以以区域为单位统筹整合各省（区、市）资源、取长补短，从而形成区域服务业产业集群，顺应区域内各省（区、市）间影响力不断增大的趋势，使得区域内各省（区、市）之间起积极的互相促进作用。

此外我们还应注意，区域间的差异有逐渐扩大的趋势，优势地区能够长期保持优势并不断创新，但是资源、地理、人口处于劣势的地区则积重难返。在这种情况下，我们可以采取将优势与劣势地区结成帮扶小组的办法，鼓励有长期优势的地区利用人才、资源、市场等为落后地区规划发展路线并提供一定的技术与道路支持。比如，可以由优势地区搭建销售平台，对服务业产品进行宣传推广，而产品的生产和包装则在服务业发展落后的地区完成。

参考文献

1. 倪蔚颖．服务业集聚水平评价指标体系的构建［J］．科技经济市场，2011（1）：36－38.

2. 刁伍钧，扈文秀，张建锋．科技服务业评价指标体系研究：以陕西省为例［J］．科技管理研究，2015（4）．

3. 刘智．多层次模糊综合评价模型在生产性服务业发展评价中的应用，西昌学院学报：自然科学版，2016（12）．

4. 汪贤武．通信服务业企业社会责任评价研究：基于多层次—模糊综合评价方法［J］．华东经济管理，2015（7）：138－142.

5. 魏江，黄学．高技术服务业创新能力评价指标体系研究［J］．科研管理，2015，36（12）：9－18.

6. 刘奕，夏杰长，李垚．生产性服务业集聚与制造业升级［J］．中国工业经济，2017（7）．

7. 洪国彬，游小玲．信息含量最大的我国现代服务业发展水平评价指标体系构建及分析［J］．华侨大学学报：哲学社会科学版，2017（1）：79－92.

8. 王跃生，李宇轩．全球价值链背景下的中国产业现状及竞争力分析［J］．河北经贸大学学报，2017，38（4）：66－76.

9. 李智．服务业国际竞争力评价研究：以中国电信服务业为例［D］．南昌大学，2006.

10. 孙林．人力资源服务业评价指标体系的构建与实践：以北京市人力资源服务业为例［J］．中国市场，2015（35）：92－95.

11. 田秀杰．区域服务业发展评价指标体系的建立与测算研究［J］．统计与咨询，2014（3）：19－21.

12. 邓泽霖，胡树华，张文静．我国现代服务业评价指标体系及实证分析［J］．技术经济，2012，31（10）：60－63.

13. 王艳丽，钟奥．我国服务业发展评价指标体系构建及测度研究［J］．劳动保障世界，2015（18）：35－37.

14. 魏建，张旭，姚红光．生产性服务业综合评价指标体系的研究［J］．理论探讨，2010（1）：163－165.

15. 孙琳惠，张晓青．山东半岛城市群现代服务业发展水平及区域差异研究［J］．中国名城，2018，201（6）：36－42.

16. 张海波，张毅，沈怡杉．湖北省现代服务业发展水平评价［J］．统计与决策，2018（11）.

17. 胡玉霞．甘肃省现代服务业发展水平及竞争力综合评价［J］．兰州学刊，2015（8）：200－208.

18. 李寒娜，田荣华．现代服务业发展的区域差异研究：以江苏省十三个中心城市为例［J］．现代管理科学，2014（7）：58－60.

19. 林晓薇，陈忠．我国31个省现代服务业发展潜力的水平特征及分布动态［J］．深圳大学学报：人文社会科学版，2017，34（4）：43－49.

20. 王庆秀．中国服务业空间格局及差异研究［J］．首都师范大学学报：自然科学版，2014，35（1）：50－55.

21. 刘辉，申玉铭，柳坤．中国城市群金融服务业发展水平及空间格局［J］．地理学报，2013，68（2）：44－56.

22. 林光平，龙志和，吴梅．中国地区经济σ－收敛的空间计量实证分析［J］．数量经济技术经济研究.2006（4）.

23. 张学良．中国区域经济收敛的空间计量分析：基于长三角1993—2006年132个县市区的实证研究［J］．财经研究，2009，35（7）：100－109.

24. 洪国志，胡华颖，李郇．中国区域经济发展收敛的空间计量分析［J］．地理学报，2010，65（12）：1548－1558.

25. 王家庭，贾晨蕊．我国城市化与区域经济增长差异的空间计量研究［J］．经济科学，2009（3）：94－102.

26. 汪桥红．经济波动、空间依赖与长期增长：基于我国地级城市数据的分析［J］．江苏社会科学，2015（1）：80－86.

27. 肖向东，罗能生．我国城乡居民收入差距的省际差异及其影响因素：基于面板数据的空间计量分析［J］．湖南大学学报：社会科学版，2015，29（1）：68－74.

28. 吴玉鸣．县域经济增长集聚与差异：空间计量经济实证分析［J］．世界经济文汇，2007（2）：37－57.

29. 贾兴梅，贾伟．中国制造业集聚对城市化的空间效应分析［J］．财经科学，2015（1）：79－89.

30. 席晓宇，朱玄，褚淑贞．基于空间计量的生物医药产业集聚影响因素研究［J］．中国药房，2015，26（1）：5－8.

31. 常宝瑞．房产价格与固定资产投资效率的空间集聚关系研究［J］．产业经济评论，2015（1）：57－66.

32. 任国强，孟凡军．高技术产业与传统产业R&D溢出的比较研究：基于经济权重矩阵视角［J］．软科学，2015，29（1）：29－32.

33. 徐盈之，王书斌．碳减排是否存在空间溢出效应?：基于省际面板数据的空间计量检验［J］．中国地质大学学报：社会科学版，2015，15（1）：41－50.

34. 姚丽，谷国锋．区域技术创新、空间溢出与区域高技术产业水平［J］．中国科技论坛，2015（1）：91－95.

35. 王国洪，杨翠迎．我国失业保险金标准的空间差异与影响因素分析：省级面板数据的空间计量［J］．现代财经，2015（1）.

36. 时涛，刘德鑫，赵二影．社会保障均等性因素对人口城市化影响的空间计量分析［J］．西北人口.2015（1）.

37. 李方一，刘卫东，公丕萍．中国产业能耗的区域差异与区域联系［J］．地理科学，2015（1）.

38. 邵燕斐，王小斌．中国省域碳强度驱动因素研究：基于空间计量模型［J］．技术经济与管理研究，2015（3）.

39. 赵光．基于空间计量视角下的碳排放与经济增长分析与对策——以中国地级市为研究对象［J］．经济与管理，2015（1）.

40. 文继群，濮励杰，张润森．耕地资源变化的空间计量及其驱动力分析：以江苏省为例［J］．长江流域资源与环境，2011（5）.

41. 马玉珠，钟全林，靳冰洁，等．中国植物细根碳、氮、磷化学计量学的空间变化及其影响因子［J］．植物生态学报，2015（2）.

42. 薛亮，任志远．基于格网GIS的关中地区生态安全研究［J］．地理科学，2011，31（1）：123－128.

43. 赵一哲，赵慧珍．基于马尔可夫链的陕西省县域金融效率的时空演变分析［J］．西部金融，2015（4）：30－34＋46．

44．周晓艳，安月平，李秋丽．基于空间 Markov 模型的湖北省区域经济差异时空演变分析（1994—2012 年）．华中师范大学学报：自然科学版，2016（1）．

45．肖刚，杜德斌，戴其文．区域创新差异的时空格局演变［J］．科研管理，2016（2）．

46．吴玉鸣，李建霞．中国区域工业全要素生产率的空间计量经济分析［J］．地理科学，2006（4）．

47．张继红，吴玉鸣，何建坤．专利创新与区域经济增长关联机制的空间计量经济分析［J］．科学学与科学技术管理，2007（1）．

48．李婧，谭清美，白俊红．中国区域创新生产的空间计量分析：基于静态与动态空间面板模型的实证研究［J］．管理世界，2010（7）．

49．魏建漳．开放创新视角下区域创新竞争策略研究：基于 2001—2012 年空间计量面板数据［J］．湖北民族学院学报：哲学社会科学版，2015（1）．

50．曾淑婉，刘向东，张宇．财政支出对区域经济差异变动的时空效应研究：基于动态空间面板模型的实证分析［J］．财经理论与实践，2015（1）．

51．曾国平，吴明娥．服务业的集聚与城市化：基于省级面板数据的空间计量分析［J］．城市问题，2013（12）：55－61．

52．宋建秋．服务业发展的空间计量分析［J］．经济视野，2014（21）：374－375．

53．欧阳彪，陈洁．中国商贸服务业空间格局特征及影响因素分析：基于城市面板数据的空间计量检验［J］．求索，2015（9）：49－54．

54．毕斗斗，方远平，谢蔓，等．我国省域服务业创新水平的时空演变及其动力机制：基于空间计量模型的实证研究［J］．经济地理，2015，35（10）：139－148．

55．李广析，梅林海．空间交错下产业协同发展机制研究［J］．财经问题研究，2019，422（1）：38－45．

56．夏伦．我国服务业省级集聚的空间效应研究：基于横截面数据的空间计量分析［J］．西部经济管理论坛，2017（2）．

57．宋大强，王紫绮．经济增长与服务业发展水平的异质性分析：基于我国省际面板数据空间计量研究［J］．皖西学院学报，2017（1）：80－87．

58. 韩峰，秦杰，龚世豪．生产性服务业集聚促进能源利用结构优化了吗?：基于动态空间杜宾模型的实证分析［J］．南京审计大学学报，2018，72（4）：85 –97.

59. Anselin Luc，Daniel A Griffith. Do spatial effects really matter in regression analysis? . Papers of the Regional Science Association. 1988.

60. Rey S，Montouri B. US regional income convergence：A spatial econometric. Regional Studies Association Perspective，1999，33：146 –156.

61. Finleton B. Estimates of Time to Economic Convergence：An Analysis of Regions of the European Union［J］．International regional science review，1999，22（1）：5 –34.

62. Buettner，T.，2001. Local business taxation and competition for capital：the choice of the tax rate. Regional Science and Urban Economics 31，215 –245.

63. Geppert K，Stephan A. Regional Disparities in the European Union：Convergence and Agglomeration［J］．Papers in Regional Science，2008，87（2）：193 –217.

64. Bouayadagha S，Védrine L. Estimation Strategies for a Spatial Dynamic Panel using GMM. A New Approach to the Convergence Issue of European Regions［J］．Spatial Economic Analysis，2010，5（2）：205 –227.

65. James. A Tale of Two Collectives：Sulphur versus Nitrogen Oxides Emission Reduction in Europe［J］.

66. Paul Elhorst，Gian franco Piras，Giuseppe Arbia. Growth and Convergence in a Multiregional Model with Space Time Dynamics［J］．Geographical Analysis. 2010（3）.

67. I. Molho. Spatial autocorrelation in British unemployment. Journal of Regional Science. 1995.

68. Thiess Buettner. The effect of unemployment，aggregate wages，and spatial contiguity on local wages：An investigation with German district level data［J］．Papers in Regional Science. 1999（1）.

69. Aragon Y，Haughton D，Haughton J，et al. Explaining the pattern of regional unemployment：The case of the Midi – Pyrenees region. Papers in Regional Science. 2003.

70. Dale M R T，Fortin M J. Spatial Analysis：a Guide for Ecologists. 2014.

71. C. Murdoch，TodSandler，KeithSargent. Economica. 2003（254）.

72. David M. Summers，Brett A. Bryan，Martin Nolan，Trevor Hobbs. The costs of reforestation：A spatial model of the costs of establishing environmental and carbon plantings [J] Land Use Policy. 2014.

73. Bivand R. S，Pebesma E. J，Gomez. Applied Spatial Data Analysis with R. – Rubio V. Use R Series. 2013.